최소주의, 그 끝나지 않은 탐구

최소주의 최근 쟁점들을 중심으로

(The Minimalist Program: Unfinished Business)

최소주의, 그 끝나지 않은 탐구
최소주의 최근 쟁점들을 중심으로

심재영

Ph.D. in Linguistics, University of Michigan, Ann Arbor
이메일: biolinguistics@gmail.com

발 행 | 2020년 8월 19일

저 자 | 심재영

펴낸이 | 한건희

펴낸곳 | 주식회사 부크크

출판사등록 | 2014.07.15.(제2014-16호)

주 소 | 서울특별시 금천구 가산디지털1로 119 SK 트윈타워 A동 305호

전 화 | 1670-8316

이메일 | info@bookk.co.kr

ISBN | 979-11-372-1531-3

www.bookk.co.kr

목차

글머리 ·· iv

제1장 최소주의(Minimalism) ····················· 1

1.1 최소주의 프로그램 ··· 1

1.2 최소주의 그 큰 그림 ······································· 3

  1.2.1 최소주의의 연구 대상 ······························· 3

  1.2.2 최소주의 작업 가설 ································· 9

1.3 보이는 것을 너머 ·· 17

1.4 일곱 가지 조건 ·· 22

제2장 병합: Merge에서 MERGE로 ·········· 26

2.1 병합(Merge) ·· 26

2.2 작업 공간, 외부 병합, 내부 병합 ····················· 31

2.3 Merge에서 MERGE로 ··································· 39

2.4 MERGE의 적법성: 결정성과 작업 공간 원소 제한 ······· 47

2.5 MERGE의 쟁점들: 쌍 병합(Pair-Merge)를 중심으로 ···· 55

2.6 병합의 비용 ·· 63

제3장 일치, 국면, 전이, 자질 상속 ······ 69

3.1 자질의 해석성 ···································· 69

3.2 일치(AGREE) ······································ 75

3.3 국면과 전이(TRANSFER) ························ 80

3.4 TRANSFER의 쟁점들 ···························· 84

3.5 국면의 형상 ······································ 97

3.6 명사구의 형상 ·································· 101

3.7 일치 자질과 자질 상속 ·························· 104

제4장 표찰 이론(Labeling Theory) ········ 108

4.1 표찰 알고리즘(Labeling Algorithm) ············ 108

4.2 쟁점들 ·· 115

4.2.1 공유 자질로의 표찰화 문제 ················ 115

4.2.2 규칙 적용 순서의 문제 ···················· 122

4.2.3 복사체 비가시성의 문제 ·················· 129

제5장 최소주의와 한국어 ···················· 132

5.1 일치와 한국어 ·································· 132

5.2 격과 한국어 ···································· 135

5.2.1 격 자질과 한국어 ························ 135

5.2.2 한국어와 (소위) 격 조사 ·················· 139

5.2.3 정보 구조와 한국어 ··· 142

5.3 한국어 연구의 뼈대: 꼬리들의 전쟁 ························· 149

5.3.1 명사 소사 ··· 149

5.3.2 어미 ··· 155

제6장 Chomsky et al. (2019) 쟁점 ········ 158

6.1 Introduction ·· 158

6.2 Basic Properties of I-language ································· 162

6.3 Operations and Constraints ····································· 169

6.4 Interfaces ··· 173

6.5 Open Questions and Future Directions ···················· 178

제7장 최소주의 전망 ···················· 183

7.1 생성 문법 전망 ·· 183

7.2 한국의 생성 문법과 언어학 전망 ···························· 187

7.2.1 한국의 생성 문법 ·· 187

7.2.2 한국의 언어학 ··· 190

날머리 ··· 193

참고문헌 ··· 194

찾아보기 ··· 201

글머리

이 책은 지난 2019년에 출판한 필자의 저서 《언어인 듯 언어 아닌 최소주의 프로그램 이해하기》의 후속편으로 기획한 책이다. 2019년의 책이 생성 문법 및 최소주의에 대한 '소개'와 '기본적인' 개념 이해에 초점을 맞춘 것이라면, 이번 후속편은 최소주의의 '최근 논의'들과 그에 대한 '쟁점'들에 무게를 둔 것이라 하겠다. 따라서, 최소주의에 대한 독자의 소양에 따라, 내용들이 (다소) 벅차게 여겨질 수도 있을 것이다. 아울러, 논의하는 '쟁점'들의 거의 대부분은 그 끝을 열어 놓았으니, 똑 부러지는 해답이나 분명한 정답을 기대하고 읽는 독자들은 답답함, 혹은, 찜찜함만 증폭될 수도 있을 것이다 − 하지만, 이 모든 유쾌하지 않은 감정들은 이 책의 내용들이 지식의 '가장 자리'를 다룬다는 태생적 특성에서 비롯되는 것이니, 그 누구의 탓도 아니라 생각한다.

최소주의의 최근 논의들과 그에 비롯되는 쟁점들에 무게를 두었다고는 하나, 현존하는 '모든' 논의들과 그와 관련된 '모든' 쟁점들을 다룰 수 없다는 것은 사뭇 당연지사일 것이다. 이에 본 책은, 최근 최소주의의 '핵심' 제안들과 관련된 주요 개념 및 기제들에 초점을 맞추었고, 말하였듯이, 그러한 제안들과 개념 및 기제들과 관련한 쟁점들은 그 끝을 열어두어 독자들의 상상, 혹은, 연구의 씨앗으로 남겨 놓았다. 마지막으로, 본 책은, 2017년부터 2019년 사이 (영국의) University of Reading과 (미국의) MIT, UCLA에서 있었던

Chomsky 교수의 강연 내용에 상당 부분을 할애한 바, 해당 강연들의 핵심 주제가 '병합(Merge)'인만큼, 이 책의 내용 또한 병합과 관련된 논의들과 쟁점들에 많은 지면을 할애했다.

빅 데이터다, 4차 산업이다 하여, 후학의 눈도, 선학도 관심도, 계량 언어학(Quantitative Linguistics)의 제 분야들로 대거 쏠리는 상황인지라, 생성 문법을 비롯한 제반 이론 언어학 분야들은 전례 없는 위기를 겪고 있다. 이에, 작은 이 책이 움츠려든 생성 문법 연구자들에게 조금이나마 큰 위안이 되길 염원한다.

이 책이 세상에 나오기까지 격려와 응원을 아끼지 않았던 나의 사랑하는 아내와 입자로 회귀하신 나의 어머니(1947~2010), 그리고 논증의 집요함을 몸소 일깨워주셨던 Samuel D. Epstein (1956~2019)에게 이 책을 바친다.

2020년 8월 19일

저자 **심 재영**

"Data without theory is blind."

Immanuel Kant (1724~1804)

제1장 <u>최소주의</u>(**Minimalism**)*

1.1 최소주의 프로그램 (Minimalist Program)

생성 문법(Generative Grammar)의 현 상황은 그리 좋지 않다 — 아니, 어쩌면 그 존립 자체가 위태롭다 하더라도 과장이 아닐 정도로, 질은 물론이거니와, 그 양마저도 심히 막막하고 답답한 상황이라 하겠다. 바깥에서는 AI다, 빅 데이터다 하여, 덜 익은 후학의 관심도, 설익은 선학의 눈초리도, 소위 '핫' 하다 하는 '계량 언어학(Quantitative Linguistics)'의 제 분야들로 쏠리고 몰린 지 한참이니, 그 결과, 생성 문법을 비롯한 소위 '이론' 언어학이라 일컬어지는 제 분야들은 점점 더 폐가가 되어가고 있다. 안으로는 더욱 심각하다 — 깊은 논증과 고뇌 어린 성찰은 가뭄에 콩 보다 드물고, 대신, 추려 분류해 놓은 언어 자료에다 군데군데 생성 문법의 (최신) 용어들을 얼렁뚱땅 뿌려놓은, 그런 편리하고 가벼야운 글들이 '논문'이라는 이름으로 사방팔방 득세하는 형국이다.

안팎의 상황이 이와 같이 막막하다 보니, 생성 문법(을 비롯한 이론 언어학의 제 분야들)은, 마치 재개발을 앞둔 낡디 낡은 연립

---

* 이 저서는 2019년 대한민국 교육부와 한국연구재단의 지원을 받아 수행된 연구임 (NRF-2019S1A5B5A07110524).

주택인냥, 을씨년스러운 분위기가 연출된 지 한참이다.[1]

하지만, 이렇게 금방이라도 철거될 것 같은 흉흉한 분위기 속에서도, 어둠을 헤쳐 길을 닦아가는 연구자들이 한 움큼 있는 바, 생성 문법은 그런 진심어린 탐구자들에 의해 꾸준히 성장해왔고 또 발전하고 있다. 이에, 그 연구자들의 최전방에 언제나 Chomsky 교수가 있어 왔음은 누구도 부인하기 힘든 사실일 것이다.

80년대를 풍미(?)했던 '지배 결속 이론(Government & Binding Theory; 이하, GB)'을 발전시켜, 지난 1995년, Chomsky 교수의 저작 『The Minimalist Program』을 통해 공식 데뷔한 '최소주의 프로그램(이하, '최소주의(Minimalism)')'은 그 초기의 '점검 이론(Checking Theory)'을 거쳐, 2000년대의 '일치 이론(Agree Theory)'으로 성장, 발전하였고, 그 후로도 '자질 상속 이론(Feature Inheritance Theory)'과 '표찰 이론(Labeling Theory)' 등과 같은 새로운 기제들이 제안되면서 지속적으로 성장하고 발전해왔다. 그리고 최근 2017년부터 2019년에 걸친 일련의 강연들을 통해, Chomsky 교수는 최소주의 전반을 아우르는 또 한 차례의 변화와 성장을 끊임없이 탐구하고 있다.

하지만, 최소주의의 가장 최근 논의들이라 할 수 있는 Chomsky

---

1 이와 같은 '근간의 설명'에 대한 외면과 무관심은 비단 언어학뿐만 아니라 사실, 학문 전체가 경험하고 있는 현실이요, 나아가, 현대 사회 전반에 만연한 풍조의 귀결이라 하겠다 - 인간 사회의 거의 모든 영역을 자본가, 더 정확히 말하자면, '장사꾼'이 잠식하였고, 따라서, 그런 '장사치의 논리'가 세상사의 최우선 잣대가 되었기 때문이다. 하지만, 사태가 그럴수록, 장사치의 논리에 최후의 보루로 남아야 할 곳이 '대학'일 것인데, 아서라. 여담으로, 종래 '음운론(Phonology)'에 종사하던 연구자들도 소위 '핫'하다는 '실험 음성학(Experimental Phonetics)'쪽으로 짐을 챙겨 대거 떠난 지 (이미) 오래인데, 해서, (음운 이론들 중 하나인) '최적성 이론(Optimality Theory)'을 연구하는 학자는 전 세계에 단 세 명 - John McCarthy, Alan Prince, Paul Smolensky - 뿐이라는 웃픈 농담도 회자된다.

교수의 근래 강연들의 대부분은 - 이하, Chomsky 교수의 2019 강연들은 Chomsky (2019)로 표기 - (이 책을 쓰고 있는 순간까지) 동영상으로만 접할 수 있는지라, 여러 연구자들에게 다소 성가신 작업이 될 수 있고, 그래서인지 어떤지, 해당 강연 내용들과 관련된 후속 논의와 분석들이 아직 (상당히) 미비한 실정이다.2 이에, 이 책의 첫 장에서는 최소주의, 나아가 생성 문법 전반을 아우르는 주요 작업 가설들을 (간략하게) 살펴보고, 이어, Chomsky 2019 강연들의 핵심 주제들 중 하나라 할 수 있는 통사 운용(operation)들에 대한 포괄적 제약, 일명, 'Seven Desiderata (일곱 가지 조건)'이라 명명되는 조건들을 간략하게 소개하는 것으로 마무리를 할까 한다.

1.2 최소주의, 그 큰 그림

1.2.1 최소주의의 연구 대상

80년대의 GB 이론과 그 뒤를 이어 90년대 (초)중반에 등장한 최소주의를 두고, 전자와 후자는 별개라 해도 좋을 만큼 '상이한' 이론 틀이라 생각하고, 또 그렇게 내뱉는 사람들이 왕왕 있다. 나아가, 그렇게 생각하고 말하는 이들 중에는, 생성 문법의 꽃은 GB였다고 혀를 차며 덧붙이기도 하는가 하면, 이어 등장한 최소주의는 실제 언어 현상들과 너무나 동떨어져 지극히 추상적으로 치달았다

---

2 이를 증명이라도 하듯, 2020년 7월 31일 기준, "Chomsky", "Capital Merge", "Determinacy"를 키워드로 함께 넣어 Google PDF 검색을 해보면, 고작 여덟 개의 문서가 검색된다.

며 미간을 찌푸리는 이들도 심심찮게 볼 수 있다. 허나, 두 이론을 주창한 장본인, Chomsky 교수의 생각은 판이하다 (이하, 별도의 언급이 없는 한, 인용문들의 이탤릭은 필자가):

(1) MP[Minimalist Program] is a *seamless continuation* of pursuits that trace back to the origins of generative grammar[.] (Chomsky 2015b: Preface)

말인 즉, '최소주의(Minimalism)'는 그 시작부터 현재까지 생성 문법 연구의 근간이 되어 온 핵심 원동력이라는 것이요, 바꿔 말해, 90년대 중반, 난데없이 하늘에서 뚝 떨어졌다거나, 혹은, Chomsky 교수의 말 한마디에 (아무런 문제없던) 그 이전의 GB를 내팽개치고 최소주의로 전환했다는 생각은 (크나큰) 오산이요, 생성 문법을 너머 '학문'의 본질에 대한 무지에서 비롯되는 것이라 하겠다. Chomsky (2014)에서 말하듯, '생성 문법'의 역사 그 전체가 곧 '최소주의'의 역사인 것이요, 생성 문법이 곧 최소주의인 것이다.[3]

(2) ... all the work ... was an attempt to *reduce the complexity*, finally reached the point by the early 90s ... that we reached a level of understanding where we could postulate the thesis that really is *simple* ... *That's the reason for the changes* ... many

---

3 '최소주의'는 '단순함(Simplicity)의 (극단적) 추구'로도 정의할 수 있겠다. 이는 생성 문법뿐만 아니라, 학문 전체, 특히, 학문적 성숙도가 높은, 소위, 'Hard Science'라 일컬어지는 분야들의 경우에는 보편적이자 궁극적인 목표라 해도 과언이 아니다; '오컴의 면도날(Occam's Razor)'이 방증하고, "Make everything as simple as possible, but not simpler"라 했던 Einstein도 같은 맥락이다. 허나, 언어학자들 사이에서만큼은 이 당연한 '최소주의'란 것이 종종 논쟁거리가 되는데, 이는, 언어학(자들)의 빈곤한 학문적 역량에 대한 방증이라 생각된다.

commentators have claimed that this is a total shift in the approach to language - it isn't. It's *the single effort from the beginning to try to develop a theory of UG simple enough* so that ... provides *deeper understandings 'cause that's what simplicity means.*   (Chomsky 2014)

구조 생성을 담당했던 60년대의 '구 구조 규칙(Phrase Structure Rules; PSR)'과 그 후속작인 7-80년대의 '엑스-바 이론(X-bar Theory)'을 예로 들어보자. 멀쩡한 PSR을 두고, '단지 새롭기 위해서' (혹은, 어느 날 난데없이 Chomsky 교수가 그러자고 해서) X-bar Theory로 대체한 것이 아니다; 바꿀 때는, 바꿀만한 타당한 이유와 근거가 있어야 하고, 또 그런 타당한 이유와 근거가 있어야만 바꿈이 가능하기 때문이다. 일일이 열거하진 않겠다마는, PSR 체계에는 (여느 다른 기제들과 마찬가지로) 여러 가지 문제점들이 있었는데, 그 문제들의 핵심에는 '복잡성'이 있었다. 따라서, PSR 체계를 더욱 간단하게, 더욱 간소화 시키려는 수많은 노력들이 있어왔고, 그러한 최소화 노력의 (당시) 결과물로 탄생한 것, 혹은, 업그레이드 된 PSR이 바로 X-bar Theory인 것이다.

군이 비유까지 들어 보자면, 이런 것이다 – 몇 달 전, CN 7이라는 코드명을 달고 현대의 준중형 자동차 '아반떼'의 새로운 모델이 출시되었다. 1990년 '엘란트라'라는 이름으로 처음 생산된 후, 지난 30여 년의 세월을 거치면서, 이제 그 '7 세대'가 세상에 나온 것이다. 그런데, 그런 새 모델을 두고, '단지 그냥 새롭기' 위해 (혹은, 정몽구 회장의 한 마디에 의해), 멀쩡한 모델의 생산을 중단하고, 또 새로운 걸 내놓았다고 말하기는 힘들 것이다. 짐작할 수 있듯이, 새 모델은 그 이전 모델의 문제점들을 수정하고 개선해서 나오기 마련이요, 따라서, 이전 세대보다 (대체로) 더 나은 성능을 보여준다. 그리고 그 새로움이 경미한 것이면 흔히 'Facelift'라는 이름을 붙이고, 현저한 것이라면, 아예 새로운 이름을 붙이기도 한다 – 이에, GB와 최소주의 역시 그러하다; 최소주의는 그 이전 모델인 GB의 문제점들을 '대폭' 수정하여 현저하게 개선된 모델에 붙여진 새로운 이름일 뿐인 것이다.

물론, 이전 모델이 더 나았다며, 새로 출시된 차에 혹평이 쏟아질 경우도 있다. 'GB가 꽃이었다, (뒤를 이은) 최소주의는 너무 추상적으로 치달았다'며 미간을 찡그리는 이들도 어쩌면 그와 비슷한 심정일지도 모르겠다만, 이 점만은 분명히 하고, 또 바로 알자 – '생성 문법'의 (학문적) 목표는 세상 언어들에 존재하는 '모든 현상들'을 하나도 남김없이, 깡그리 설명하는 것이 아니다.[4] 생성 문법의 목표는 (모든) 언어 '현상'들이 아니라, 그 현상들을 빚어내는 (이면의) '원동력', 즉, '언어 능력(Language Faculty; FL[5])'라 명명한 인간 두뇌의 인지 체계(Cognitive System)요, 그 인지 체계의 작동 원리들을 규명하는 것이다.

중력(Gravity)의 원리를 밝혀냈다 하여, 떨어지는 '모든 것'들의 착지점을 알 수 있는 것이 아니듯, FL의 근간 원리들을 밝혀냈다

---

[4] 이는 비단 생성 문법에만 해당하는 사항은 아니다 – 세상에 존재하는 학문들 가운데, 자신의 학문 영역 내에 '관찰'되는 '모든 현상'들을 설명하겠다는 목표를 가진 학문은 단 하나도 없다. '현상'은 그렇게 간단한 것이 아니기 때문이요, '하나'의 현상처럼 보일 수 있을지라도, 그 이면에는 수십, 수백 가지의 '다른' 요인들이 얽히고 설켜 있는 경우가 태반이기 때문이다. 고로, 학문은 'Abstraction(추려 내기)'를 하는 것이다. '모든'과 '현상'에 대한 환상을 버려야, '제대로' 된 학문을 할 수 있다.

[5] 'LF'라 줄이지 않고 'FL'이라 하는 이유는, 과거의 'Logical Form (LF)'이라는 용어와의 혼동을 피하기 위해서이다.

하여, 세상에 존재하는 '모든 언어 현상'들을 다루어 설명할 수 있는 것이 아니다 - 물체의 낙하에는 중력도 (큰) 요인이지만, 바람, 공기, 해당 물체의 표면적 등과 같이, 중력 그 자체와 무관한 다른 요인들도 부지기수이기 때문이다. 마찬가지로, 언어 현상들 역시 그 모두가 FL(만)의 '순수한' 결과물인 것이 아니요, (예를 들어) 사회적 요인, 역사적 요인, 지리적 요인, 심지어는 성별에 따른 요인까지, (FL과는 별개인) 다른 수많은 요인들이 얽혀있는 경우가 비일비재하다. 그러니, FL의 근간 원리들을 설사 규명해냈다 한들, 그것이 곧 '모든 언어 현상'들을 다루어 설명할 수 있다, 혹은, 설명할 수 있어야 한다는 생각은 판단 오류인 것이다.

왜 이런 말을 하느냐면, '언어학 = 언어 현상'이라는 등식이 머릿속에 실로 뿌리 깊게 각인된 언어학자들(과 언어학도들)이 아직까지도 상당수이기 때문이요6, 이는 현직의 생성 문법 연구자들 사이에서도 예외가 아니다. 상황이 이렇다 보니, 그런 그들에게 '더 나은' 이론이란 '더 많은' 언어 '현상'들을 커버하는 이론이 된다. 하지만, 잘 알다시피, GB와 비교할 때 최소주의는 다루는 언어 현상의 '양'이 현저하게 적다고 해도 좋을 이론 틀이다.7 그러니, '더

---

6 언어 현상을 연구한다는 '그 자체'가 잘못되었다거나 바람직하지 않다는 말이 아니다; 연구 '대상'이 다르면, 그 방향과 목표 또한 다름을 말하는 것이다.

7 Chomsky (2000: 92)에서도 아래와 같이 언급하듯, 엄밀히 말하자면, '최소주의(프로그램)'은 '이론(theory)' 틀이 아니다.

> One should bear in mind that it[MP] is a *program*, not a theory [...] The program presupposes the common goal of all inquiry into language - to discover the right theory - [...] it seeks to discover to what extent minimal conditions of adequacy suffice to determine the nature of the right theory

'최소주의'는 (생성 문법뿐만 아니라) 모든 학문의 근간이자 그 성장과 발전의 원동력

많은 언어 현상'을 이론의 우위를 가늠하는 (유일한) 잣대로 인식하는 그들에게는 '더 열등한' 이론으로 (잘못) 이해되는 것이다.

말했듯이, '생성 문법'의 역사 그 전체가 곧 '최소주의'의 역사요, 바꿔 말해, 생성 문법이 곧 최소주의인 것이다. 이에, 걸음마를 떼고 40여 년이 지난 90년대 초/중반 즈음이 되어서야, 비로소 근본 토대를 (나름) 제대로 구축할 수 있게 되었고, 따라서, '새 이름'을 붙여 이르는 것이 바로 '최소주의 프로그램'인 것이다. 아울러, 그 이름이 무엇이(었)든, 생성 문법의 변함없는 최대 관심사이자 연구 목표는, 언어 '현상'이 아니라, 그 이면의 원동력, 즉, FL의 근간이 되는 작동 원리들을 규명하는 것이다. 따라서, 언어 '현상'들을 다루기에는 (상당히) 껄끄러운, 그래서 상당히 불편한 도구일 수 있고, 사실 그런 이유를 들어 최소주의 틀을 회피하고, 외면하거나, 심지어는 힐난하는 이들도 제법 있다. 하지만, 이는 최소주의 연구자들의 잘못이 아니요, 책임도 아니다 ─ '못'을 박기에 '톱'의 쓰임이 너무 불편하다는 것이 어디 톱 만드는 장인이 져야 할 책임인 것은 아니지 않든가; 불편하다면, 손에 든 그 톱을 내려놓고, 조용히 '망치'를 사러 가면 될 것이다.[8]

이 되어 온 격률(Maxim)인 것이요, 나아가, 학문이 곧 최소주의요, 과학이 곧 최소주의인 것이다.

[8] 생성 문법의 연구 대상과 목표, 그리고 그 대상과 목표에 대한 잘못된 이해, 혹은, 무지로 인해 빚어졌던 현상들에 대해, Felix (2010)를 적극 추천한다.

1.2.2 최소주의 작업 가설

최소주의의 대전제이자, 최소주의 전반을 아우르는 제 1 작업 가설 (Working Hypothesis)은 아래의 '강력 최소주의 가설(Strong Minimalist Thesis)'에 간결하고, 정확하게, 그리고 분명하게 녹아 있다.

(3) **Strong Minimalist Thesis (SMT**, Chomsky 1995: 96)
   Language is an optimal solution to interface conditions.

(3)의 'Language'란 일본어, 영어 등과 같은 그런 '개별 언어'들을 칭하는 것이 아니라, FL, 즉, (언어 능력과 관련된) 인간 두뇌의 인지 체계(Cognitive System)를 일컫는다. 이에, FL은, '접합 층위 (Interface)'라 명명한 인접 인지 체계들에 의해 부가되는 조건들을 '최적(optimal)'으로 만족시킨다는 것이 SMT의 골자라 하겠는데, 자, 그렇다면 이제, '접합 층위 조건'과 '최적'이란 용어의 의미에 대해 좀 더 구체적으로 살펴보도록 하자.

　　FL과 관련하여 최소주의가 그리는 그림은 (대략) 이와 같다 − 언어 표현들의 '생성(Generation)'을 담당하는 인지 체계가 독립적으로 존재하고, 그 표현들을 받아 '해석(Interpretation)'하는 인지 체계들이 또 개별적으로 존재한다는 것이다. 전자를 일러 흔히 'FL'이라 부르고, 후자를 일러 '접합 층위(Interface)'라 부르는데,9 접합 층위의 대표적인 예로 두 가지를 꼽는다 − (FL로부터) 전달된

---

9 'FL'과 '접합 층위'를 포괄하여 '광의의 FL (Faculty of Language in the broad sense; FLB)'이라 부르기도 하는데, 이 경우, 본문에서 말하는 FL은 '협의의 FL (Faculty of Language in the narrow sense; FLN)'이라 따로 일컫는다.

언어 표현들의 '음성' 해석을 담당하는 '감각-운동 접합 층위 (Sensorimotor Interface; SM)'와 '의미' 해석을 담당하는 '개념-지향[10] 접합 층위(Conceptual-Intentional Interface; CI)'가 그것이다. '접합'이라는 단어에서 유추할 수 있듯이, 각 접합 층위들과 FL은, 마치 '운전대'와 '바퀴'처럼, '독립적'으로 존재하면서도, 동시에 서로 긴밀하게 상호 작용하는 인지 체계들이다. 이에, SMT에서 말하는 '접합 층위 조건'이란, 각 접합 층위들로부터 FL에 부가되는 조건으로써, '우리가 해석할 수 있는 정보들만 전달해 달라'는 내용을 담고 있다.[11] 이에, SMT에 의하면, FL은 그와 같은 접합 층위 조건을 '최적'으로 만족시킨다 하는데, '최적'이란 말은, (i) 접합 층위로부터 해석 받지 못하는 정보가 있을 경우, 해당 정보가 접합 층위로 전달되기 전에 모조리 처리하고, 오직 해석 받을 수 있는

---

10 'Intentional'을 '의도'로 옮겨, CI를 개념-'의도' 접합 층위라 흔히 번역하는데, 이는 잘못된 번역이라 하겠다. CI에 사용된 'Intention'이란 단어는 Philosophy of Language/Mind에서 사용되는 학술 용어로써, 인간의 '사고(thinking)/의식 (Consciousness)'이 가지는 특성을 이르는 말이다.

> [I]ntentionality is the property of human consciousness of being directed toward or being about something (another term for this notion of intentionality is "aboutness"). This notion of intentionality should be distinguished from the commonsense notion associated with the doing of something on purpose (as in "I had no intention of hurting anybody") or according to a plan (as in "My intention was to write a book"). Duranti (1999: 134)

인용문에서도 언급하듯, 'intention'이란 단어는 그 학술적 의미와 일상적 의미가 확연히 다르다; 전자의 경우, '(무엇 무엇에) 대함(aboutness)'이라는 의미로 사용된다. 이에, CI의 경우, 선행하는 한자어 번역 '개념(Conceptual)'과의 어울림을 위해 '지향 (directedness)'으로 번역하였다.
11 이에, 접합 층위 조건은 종종 '해석성 조건(Legibility Condition)', '완전 해석 (Full Interpretation) 조건', 또는, '필수 출력 조건(Bare Output Condition)'이라고 도 불린다. 이하, 큰 혼동이 없는 한, '접합 층위 조건'과 '해석성 조건'이란 용어를 구분 없이 교체하며 사용토록 하겠다.

정보들'만' 전달한다는 의미이기도 하거니와[12], (ii) 그런 처리 작업들을 최대한 '경제적', 혹은, '효율적'으로 수행한다는 의미를 담고 있다.[13]

FL과 각 접합 층위, 그리고 그 접합 층위들로부터 FL에 부가되는 '해석성 (혹은, 접합 층위) 조건', 그리고 그 해석성 조건에 대한 '최적'의 만족, 이 모든 작업 가설들은 언어 능력의 진화 (Evolution)에 대한 최소주의의 또 다른 작업 가설들에서 비롯되는 것이다. 관련된 내용을 옮겨보자.

(4) There is substantial archeological evidence that [...] roughly 75 thousand years ago, there was a sudden explosion of evidence of creative activity, symbolic representation, indications of the phases of the moon, complex social organization, and various rituals, all sort of things that indicate that something happened in a very small group [...] we can ask what small change could have taken place that could have given rise to something like the language faculty. [...] we have to look for some small mutation that caused some rewiring of the brain that provided the essential properties of human language which don't exist anywhere else. (Bambini et al. 2012)

---

12 이에, '최적(optimal)'이라는 단어는 종종 '완벽(perfect)'이란 단어로 바꿔 등장하기도 한다.
13 SMT로부터 도출되는 또 다른 조건들로 '포함 조건(Inclusiveness Condition)'과 '변경 금지 조건(No-Tampering Condition)'이 있다. 전자는, 어휘부에 존재하지 않는 요소가 (통사부의) 도출 과정에서 (임의로) '추가'되어서는 안 된다는 내용이고, 후자는, 통사부 운용을 통해 통사체의 원래 모습에 변경이 가해져서는 안 된다는 내용이다. 하지만, 보다 상위 조건인 SMT를 충족하는 과정에서 (피치 못하게) 이 두 조건들이 위배되는 사례들이 발생하기도 한다.

Chomsky 교수를 비롯한 최소주의 연구자들은, 지금으로부터 대략 7만 5천여 년 전 즈음[14], 그러니까 인류의 전체 진화 과정을 고려한다면, 상대적으로 '최근'[15]이 되어서야, (한 개체의) 두뇌에서 발생한 (아주 경미한) 유전적 돌연변이에 의해 FL이라 (명명하)는 인지 체계가 탄생하게 되었다고 추측한다.[16] 이 시기는, 호모 사피엔스(Homo Sapiens)가 십 수 만년 동안 서식했던 아프리카 대륙을 (비로소) 벗어나 다른 대륙들로 이동을 시작한 시기이기도 하거니와, 소위 '문화'라 총칭하는 인류만의 독창적인 활동들과 행동 양식들이 갑작스레[17] 폭발적으로 등장한 시기와도 일치한데, 이에 최소주의 연구자들은 FL의 등장, 혹은, 탄생을 그 (직접적인) 원인으

---

14 진화와 관련된 시기들이 흔히 그러하듯, '7만 5천년'이라는 시기 역시 어림수요, 어림수일 수밖에 없다.

15 대략 400만 년 전 즈음으로 추정하는 'Australopithecus'의 출현을 0시로 잡는다면, FL은 자정이 다 되어서야 등장했고, 상대적으로 가장 근래의 고인류인 'Homo Sapiens'의 출현인 대략 20만 년 전을 기준으로 잡더라도, FL은 오후 3시가 되어서야 등장한다.

16 진화의 양상 및 속도와 관련하여 생물학에서는 크게 두 가지 입장이 있다 - '점진주의(Gradualism)'와 '단속 평형주의(Punctuated Equilibrium)'. 진화는 일정한 속도로 조금씩 축적되어 점진적으로 발생한다는 것이 전자의 주장이요, 생명체는 오랜 기간 거의 변화하지 않는 평형 상태(equilibrium)에 있다가, 예를 들어, 갑작스런 환경 변화와 같은 요인으로 인해 형태의 변이나 종의 분화가 순식간에 발생한다는 입장이 후자의 주장이다 (여기서 '순식간'이란 일상의 관점이 아니라, '진화'의 관점이다. 따라서, 이 '순식간'은 수천~수만 년에 해당할 수 있다). 점진주의와 단속 평형주의는 서로 '대조'되는 입장이라기보다, 서로 '보완'적인 입장으로써 생물학계에서는 큰 이견 없이 인정되는 이론들이다; 두 입장 모두, 그에 대한 확고한 (화석) 증거들이 있기 때문이다. 이에, 언어 능력의 진화와 관련된 Chomsky 및 여타 최소주의, 혹은, 생물 언어학자(Biolinguists)들의 관점은 점진주의도, 단속 평형주의도 아닌 '급진주의(Saltationalism)' 혹은 '돌연변이주의(Mutationalism)'에 가깝다 하겠는데, 사실 이러한 입장은 생물학계에서 널리 인정받지 못하는 견해, 바꿔 말해, 언어 능력 진화에 대한 최소주의 연구자들의 주장은 생물학의 관점에서 볼 때 제법 논란이 많은 입장이라 하겠다. 허나, 본문에서는 이러한 (중요한) 논란은 (아쉽게도) 고려치 않겠다. 관련하여, Eldredge and Gould (1972)를 참조하라.

17 이 역시, '진화'적 시간의 관점에서 갑작스럽다는 것이다. 따라서, 그 갑작스러움은 수천, 수만 년에 걸쳐 있을 수 있다.

로 추측한다. 그렇다면, 생각해 보자.

(5) Suppose that a super-engineer were given design specification for language; "Here are conditions that FL must satisfy; your task is to design a device that satisfies these conditions in some optimal manner [...] (Chomsky 2000: 92)

두 접합 층위, 즉, SM과 CI는 FL이 등장하기 이전부터 (오랫동안 인간 두뇌에) 존재해왔던 인지 체계들일 것이다. 그도 그럴 듯이, FL이 없었을 때에도, 인간은 '소리(SM)'를 내었을 것이고, (비록, '질적'인 차이는 있겠지만) '사고(CI)'도 하였을 것이기 때문이다.[18] 이에, 비유하자면, FL은 '새로 들어온 자'요, SM과 CI는 '기존에 있던 자'들이라 하겠는데, 그렇다면, 새로 들어온 FL이 기존의 SM과 CI에 맞춘다는 것은 그리 억지스러운 추측이 아닐 것이다.

나아가, SMT에 의하면, FL은 두 접합 층위로부터 부가되는 조건들을 가장 '효율적', 즉, '최소한의 노력'을 통해 만족시킨다는 것인데, 이는 최소주의 연구자들만의 작업 가설이 아니라, 암암리든, 공공연하게든, 존재하는 모든 학문들이 공유하는 작업 가설이라 하겠다 – 셋 보다는 둘, 둘 보다는 하나, 이와 같이 '최소', 혹은, '간결(Simplicity)'의 설명을 추구하는 것, 그게 바로 학문이요, 과학이기 때문이다.[19] 이에, 최소주의자들이 가미한 양념이 있다면, FL은

---

18 이는, (인간과 같은 그런) FL을 갖추지 못한 여타 다른 생명체들을 떠올려 보더라도, 그리 어렵지 않게 유추할 수 있다.
19 그리하여 물리학자들은 물리학의 두 축, (거시 세계를 설명하는) '상대성 이론(Relativity Theory)'과 (미시 세계를 설명하는) '양자 이론(Quantum Theory)'을 굳이 '통합', 즉, '최소화' 시켜 '하나'의 이론 체계를 구축하려 용을 쓰는 것이다. 두 이론의 통합에 관심이 있는 독자는 '초끈 이론(Superstring Theory)', 혹은, 'M-이론

접합 층위 조건을 '최대한 경제적'인 방법으로 만족시키는, 즉, '효율성(Efficiency)'에 기반한 하나의 '연산 체계(Computational System)'라는 것이다.[20]

'접합 층위 조건'과 '연산적 효율성(Computational Efficiency)'은 FL이 기반하는 중추적인 작동 원리일 뿐만 아니라, 언어 현상 혹은 언어 능력을 설명하기 위해 연구자가 동원하는 기제와 개념들의 설명적 타당성을 평가하는 기준이 되어준다. 관련된 Chomsky 교수의 언급을 살펴보자.

(6) It brings to light what might be fundamental problems [...] it encourages us to *distinguish genuine explanations from "engineering solutions."*   (Chomsky 2000: 93)

(7) We can regard an explanation of properties of language as *principled* insofar as it can be reduced to properties of the interface systems and [...] computational efficiency. (Chomsky 2004b)

(6-7)은 생성 문법 전반을 아우를 뿐만 아니라, 최소주의와 그 전작들의 가장 두드러진 차이, 따라서, 최소주의에서의 학문적 성과를 보여주는 내용이라 하겠다 - 말인 즉, 이런 저런 언어 현상들을 추려 분류해 놓고, 그에 대해 연구자가 이렇다 저렇다 일장 연설을 해놓았다 해서, 그 늘어놓은 말들이 곧 해당 현상들에 대한 '설명

(M-Theory)'을 살펴보기 바란다.
20 '연산(Computation)'이란 그리 어려운 개념이 아니다. 예를 들어, '3+7'이란 산수 문제에 대해 10이라는 해답을 이끌어 내는 그 '과정'이 바로 연산이다. 이에, 언어도 크게 다르지 않다 - '철수', '영희', '가', '좋아 한다', '를'과 같은 개별 어휘들을 조합하여 '철수가 영희를 좋아 한다'라는 하나의 문장으로 완성시키는 그 작업이 바로 (언어적) 연산인 것이다.

(explanation)'이 되는 것은 아니란 말이다; 연구자의 주장이 '설명 다운(principled)' 설명, 즉, '제대로 된' 설명으로 간주되기 위해서 는, 연구자가 동원하는 '기제'와 '개념'들이 '접합 층위 조건', 혹은, '연산적 효율성'으로부터 도출될 수 있는 것이어야 하기 때문이 다.21 만약 그렇지 못하다면, 연구자의 주장이 제 아무리 정교하고 장황한 것이라 할지라도, 그 본질은 그저 또 다른 '기술 (description)', 혹은, '기술적 장치(technical device)'일 뿐, '제대로 된' 설명과는 거리가 멀다는 것이다.

이렇듯 생성 문법은 (비로소) 최소주의에 접어들어서야, 현상에 대한 '제대로 된 설명(Principled explanation)'과 그저 좀 다르기만 한 '기술적 장치(Technical/Descriptive device)', Chomsky 교수의 말을 빌리자면, 'Genuine explanation (진정한 설명)'과 'Engineering solution (기술적/기교적 해결안)'을 구분해 주는 '기 준(Criteria)의 토대', 즉, '접합 층위/해석성 조건'과 '연산적 효율 성'이라는 구체적인 기준을 마련하게 된 것이다. 이는 어쩌면, 전작 들에서는 일궈내지 못했던 최소주의(만)의 가장 큰 학문적 성과로

---

21 Chomsky (2005, 2007)에서는 FL의 '성장'에 관여하는 요인들로 아래 세 가지를 제시한다.

(i)   Genetic Endowment
(ii)   External Data
(iii)   Principles not specific to FL

(i)은 FL과 관련된 유전적, 즉, 선천적으로 보유하는 특성을, (ii)는 실제 언어 자료에 노출되는 경험, (iii)은 FL이라는 인지 체계를 너머, 생물학적 체계 '전반'을 아우를 수 있는 '보편적' 원리들을 의미한다. 이에, 본문에서 언급하는 '접합 층위 조건'과 '연산적 효율성'은 항목 (iii)에 속하는 조건들이요, 두 조건을 총칭하여, '제 3의 요인 (Third Factor)'이라 일컫는다. 이에 '최소주의'는, '보편적' 원리, 즉, 제 3의 요인들 로부터 도출되는 원리들을 통해, FL이라는 인지 체계의 결과물, 즉, 언어 자료들을 어디까지/얼마만큼 설명할 수 있는지, 그것을 탐구하는 분야라 하겠다.

도 볼 수 있을 것이다.

하지만, 빛이 있는 곳에는 어둡고 진한 그림자가 뒤따르기 마련인 법 – 최소주의가 일군 기술과 설명의 구분 기준, 그리고 그 기준의 핵심이라 할 수 있는 '간결성(Simplicity)'에 대한 극단적인 추구는 양날의 검이 되어 스스로에게 되려 (심각한) 타격을 주게된다.

이전의 GB 틀 내에서는, 주어진 현상을 다룰 수만 있다면, 기존의 기제들을 이리저리 손대거나, 또 필요하다면, 이것저것 여러 새로운 장치들을 고안하여 연구자가 '마음껏' 이용할 수 있는 모종의 '자유'가 있었다. 하지만, '해석성 조건'과 '연산적 효율성'이라는 엄격한 기준, 혹은, 규제 속에서 움직여야 하는 최소주의 틀 내에서는 GB 시절에 가능했던 그런 연구자의 자유가 현저하게 제한된다; 해석성 조건과 연산적 효율성으로부터 도출되지 않는 조작들과 기제들, 그리고 그런 것들에 기댄 논증은, 설사 제 아무리 그럴싸하다 할지라도, '궁여지책'이요, 백번 양보하더라도 '단순한 기술(Description)'일 뿐, '원리적인 설명'과는 거리가 먼 것으로 간주되기 때문이다. 논증을 위해 지켜야할 규칙들은 훨씬 까다로워졌고, 기존의 (편한) 논증 방식은 '그저 그렇고 그런 기술 혹은 기교' 취급을 받고, 그러니 어떤 선택을 하겠는가? – 상당수가 최소주의를 외면하거나 급기야는 다른 분야로 눈을 돌리게 된다.[22]

---

22 남은 이들의 상당수에도 심각한 문제가 발견된다 – 논증의 곳곳에 '최소주의'라는 단어는 등장한다마는, 최소주의의 논증 기준, 즉, 해석성 조건과 연산적 효율성은 아랑곳 않는, 그래서, 그 '무늬'만 최소주의인 논문들이 부지기수다. 이는, 연구자 개인의 빈곤한 학문적 역량에서 비롯되는 문제이기도 하거니와, 그런 역량 미달의 글들을 논문으로 게재해주는 학술지의 안이함 때문이기도 할 것이다.

이 뿐만이 아니다 — 최소주의 연구자들의 지대한 관심사 중 하나가 그동안 별 문제의식 없이 사용해왔던 기제들을 '해석성 조건'과 '연산적 효율성'으로부터 도출될 수 있는 기제들로 변경하고 대체하는 것인데, 그러다 보니, 최소주의자들의 연구는, '언어 자료/현상' 분석보다, 그 분석에 동원되는 '기제 그 자체'의 타당성에 더더욱 집중하게 된다. 그런데, 그와 같은 연구가 뭇 사람들에게는 '실제 언어와는 상관없는', 나아가, '더 이상 언어학이 아닌' 그런 것으로 비춰지기 십상이다. 자, 그러니, 그들은 또 어떤 선택을 하게 되겠는가?

1.3 보이는 것을 너머

최소주의와 관련해서 한두 번쯤은 들어봤음직한 또 다른 종류의 오해 혹은 오판(misjudgement)에 대한 간략한 언급으로 최소주의 큰 그림에 대한 이야기를 마무리하도록 하자.

앞서 간략히 언급했던, 그리고 앞으로도 반복적으로 언급될 최소주의의 작업 가설 및 조건들을 살펴보면, '연산적 효율성'이니, '엄격 이항성'이니 하는 '언어'[23]적 느낌과는 왠지 거리가 먼, 그래서 뭐랄까, 뭔가 촉촉(?)하다기보다 딱딱, 혹은, 건조하달까, 나아가, 뭔가 수학스럽기까지 한 그런 텁텁(?)함을 느끼게 하는 용어들과 개념들이 많이 등장한다. 바꿔 말해, '어미', '조사', '수동태', '관계 대명사' 등과 같은 '언어적' 느낌이 물씬 풍기는 그런 종래의 친

---

23 이때의 '언어'란 한국어, 독일어 등과 같은 '개별 언어'들을 의미한다. 별도의 언급이 없는 한, 이 절에서 언급하는 '언어'는 '개별 언어'를 지칭한다.

숙한 용어들과 개념들이 등장해야, 그래야 그게 왠지 '언어'학일 것 같은데, 최소주의는 그러한 기대를 무참히 짓밟는다 – '연산적 효율성'이니 (앞으로 보게 될) '최소 탐색(Minimal Search)'이니 하면서, 언어와는 거리가 멀어도 한참 먼, 그런 용어들과 개념들이 즐비하다는 것이다. 바로 이 대목에서 등장하는 푸념들 중 하나가 바로, 최소주의는 너무 '추상적'으로 치달았다는 오판. 이것이 왜 오판인지, 이렇게 비유를 한번 해보자.

사과나무에서 사과 하나가 툭하고 떨어진다. 그런데 왜 하필이면 '아래로' 떨어질까? '위로' 치솟을 수도 있을 것이고, '대각선'으로 휘어 날아갈 수도 있을 것이며, 심지어, 공중 부양 상태일 수도 있을 것인데, 왜 하필이면 '아래로' 떨어지는 것일까? 이런 의문이 들어, 주위를 살핀다 – 눈에 들어오는 건, 나무와 (떨어진) 사과, 그리고 바닥의 흙, 따라서, 떨어지는 이유도 필시 '나무'와 '사과'와 '흙'에 있을 것이다 하여, 나무를 살피고, 흙을 파헤쳐 그 뿌리를 살피고, 또 사과도 한번 쪼개본다. 그래서 어찌어찌 하여 이런 결론을 내렸다 (하자) – '사과가 여러 개 매달려 있으면, 나무는 그로 인해 스트레스를 받게 된다. 뿐만 아니라, 매달린 사과들 역시 (모든 식물의) 고향인 흙으로 회귀코자 하는 강한 욕망을 가지고 있다. 따라서, 나무는 사과를 밀쳐내고, 떨어져 나온 사과는 흙을 향해 아래로 낙하하는 것이다.'24 자, 이제, 이와 같은 추론과 결론이 지극히 당연한 상식이 돼버린 상황에, 누군가 나타나 손사래를 치며, 아래와 같은 (중력 가속도) 수학 공식을 읊었다 해보자. 사람들은 (과연) 어떤 반응을 보일까?

---

24 그리스 철학자 Aristotle (BC 385 ~ BC 323)은 실제로 유사한 주장을 펼쳤다.

$$(8) \quad f = G\frac{m_1 m_2}{r^2}$$

그것과 언어학은 다르지 않느냐고 반문할 수도 있을 것인데, 볼진
대, '정확히' 일치하다고 해도 크게 틀린 말이 아닐 정도로 유사한
형국이라 하겠다; '언어'라 하면, 그것은 곧 프랑스어, 일본어 등과
같은 '개별 언어'들을 지칭하는 것이요, 따라서, '언어'학 역시 그런
개별 언어들에 나타나는 언어 '현상'들에 대한 분석이어야 하고[25],
나아가, 그런 분석들은 ('수동태의 의미' 등과 같은) '언어'적인 개
념들로 이루어져야 한다 – 이는, 언어학을 모르는 일반 대중들 머
릿속의 지배적이자 확고한 상식일 뿐만 아니라, 언어학도들과 상당
수의 (전문) 언어학자들에게도 실로 강력하게 뿌리박힌 인식이다;
그러기에 그들의 흔한 이야기 주제는 언어 '능력'이 아니라, (거의
대부분 언제나) 언어 '현상'이다.[26] 하지만, 바로 알자 – 생성 문법
의 관심사는 언어 '능력', 즉, FL이라는 인지 체계요, 그 인지 체계
가 작동하는 근간 원리들을 밝히는 것이지, 언어 '현상/자료'를 분
석하는 것이 아니다; 따라서, 최소주의 연구자들에게 언어 '자료/현
상'은 연구의 '이유'와 궁극적인 '목적'이 아니요, FL과 관련하여 상
정하는 원리들, 그 원리들의 타당성을 입증하기 위해 동원할 수 있
는 하나의 '증거 자료' 역할을 할 뿐이다.

---

25 앞서 언급했듯이, 언어 '현상'에 대한 분석이 학문적으로 '무가치'함을 의미하는
것이 아니다.
26 '언어 = 개별 언어 (현상) = 언어학'이라는 등식은 어쩌면 인간의 내재된, 따라서,
(거부하기 힘든) 본능적인 인지 방식인지도 모른다. 하지만, (예를 들어) 양자역학
(Quantum Mechanics)이 증명하듯, 진실은 그런 '본능적인' 인지 방식에 반하는 경
우가 허다하다.

하지만 또 재밌는 것은, 물리학이나 화학과 같이 학문적 성숙도가 깊은 학문들에서는 언어학과는 정반대의 상황이 연출된다는 것이다. 해서, '아래로 떨어지는 현상'에 대해, (앞서 언급했던) 사과의 회귀 욕망이 어떻네, 나무의 스트레스가 어떻네와 같은 주장들은 실소를 금치 못하게 하고, 반면, (8)과 같은 (사과와 나무와 같은 '생명체'의 흔적이라곤 도저히 찾아볼 수 없는 텁텁한) 수식에는 감탄과 찬사가 쏟아진다. 일견 고개를 끄덕일 수 있는 정반대 현상이다 – 학문적 성숙도에 있어 물리학은 최상위라 할 만한 장년의 학문이요, 그에 비해 언어학은 이제 막 걸음마를 시작한 아기 학문이요, 따라서, 그 안에 몸담은 상당수 연구자들의 학문적 성숙도 또한 걸음마 단계일 것이기 때문이다. 상황이 이러하니, '언어'적 체취라고는 도저히 찾아보기 힘든 '연산적 효율성'이니 '최소 탐색' 등을 언급하며 논의하는 최소주의에 대해, '너무 추상적으로 치달았다'며 찌푸리는 미간들을 볼 수 있는 것이다.

들판을 수놓은 붉은 꽃들을 보며, '아름다움'을 느끼는 것은 인지상정이요, 따라서 지극히 인간다운 반응이다. 하지만 그 꽃들을 보고 누군가 '저 유기체들은 630nm에서 780nm 사이의 파장을 발산하고 있군'이라 한다면, 뭔가 어딘가 고장 난 사람, 혹은, 인간미 없는 사람으로 여겨질 수 있을 것이다. 하지만, 말했듯이, '아름답다' 하는 것은 인지상정이요, 따라서, (특별한 인식 장애가 있지 않는 한) 인간이라는 그 이유만으로 '누구나' 자연스레 솟아오르는 감정이요, 감성이다. 하지만, 그 감정과 감성의 이면, 표면적 아름다움의 그 너머를 보는 것은 인지상정이 아니요, 따라서, (가만히 있어도 인간이라는 그 이유만으로) 자연스레 이루어지는 일이 아니다

– 상응하는 '지적 노고'와 그에 수반하는 이해가 있어야만, 그래야만 (겨우) 엿볼 수 있는 아름다움인 것이다. 고로, 붉은 꽃의 (감성적) 아름다움은 지나가는 행인만 느낄 수 있는 특별한 아름다움이 아니요, 뉴튼에게도 다름없이 그러하다; 하지만, 그 감성적 아름다움 너머에 있는 파장의 아름다움은, 행인에게는 쉽게 허락되지 않은, 오직 뉴튼만이 엿볼 수 있는 또 다른 차원의 아름다움인 것이다. 그러기에 이런 말들이 가능한 것이다 (이탤릭은 필자가):

(9) The mathematician does not study pure mathematics because it is useful; he studies it because he *delights* in it and he delights in it because it is *beautiful*.　　　(Georg Cantor 1845~1918)

이런 저런 언어 '현상'들에 대한 재미와 신기함은, 사실 조금의 관심만 있다면, 굳이 언어학자가 아니더라도 '누구나' 쉽게 인지할 수 있는 경험이다; 별다른 노력 없이도, 인간이라는 이유만으로 누구나 수이 경험할 수 있는 그런 재미와 신기함이라는 것이다. 나아가, 언어 현상들을 '언어적'인 것으로 말하는 것 또한, 언어학에 대한 기본적인 소양만 갖춘다면, 역시 그리 어려운 일이 아니다. 하지만, 그 현상들 이면의, 그 현상들 너머에 있는 '원리들'의 아름다움을 경험하려면, 각고의 (지적) 노고가 필요하다; 인간이라는 이유만으로 누구나 경험할 수 있는 그런 차원의 아름다움이 아니란 말이다. 이에, 그와 같은 이면의 원리들을 찾아내려는 지적 탐구의 한 영역이 바로 생성 문법이요, 최소주의자들의 연구가 바로 그러한 것이다. 허나, 그것이 최소주의든 다른 무엇이든, (언어) 현상 그 너머의 원리들을 목표로 하여 탐구하지 않는 이상, 언어학은 언제나 걸음마를 하고 있을 것임은 사뭇 자명한 예측이다.

1.4 일곱 가지 조건(Seven Desiderata)

통사부에서 실행되는 모든 운용들이 준수해야 할 조건 (혹은, 제약)으로, Chomsky (2019)에서 제안하고 있는 일곱 가지 조건들은 아래와 같다:

(10) **Seven Desiderata**[27]
   a. Descriptive Adequacy (기술적 타당성)
   b. Strong Minimalist Thesis (강력 최소주의 가설)
   c. Resource Restriction (작업 공간 원소 제한)
   d. Determinacy (결정성)
   e. Stability (일관성)
   f. Recursion (반복성)
   g. Strict Binary (엄격 이항성)

첫 번째 조건 'Descriptive Adequacy'는, 그 이름에서 유추할 수 있듯이, (통사) 운용은 언어에 실재하는 구조를 제대로 생성해내야 한다는 내용을 담고 있다. 예를 들어, 관계대명사 절이 명사구를 수식하는 구조가 언어에 존재한다면, 운용을 통해 그런 구조를 생성해낼 수 있어야 한다는 것이다. 바꿔 말하자면, 어떤 운용에 의해,

---

27 (10)에 열거한 일곱 가지 조건들 중, (c-g)의 조건들은 (이 글을 쓰고 있는 시점을 기준으로) 통일된 한국어 번역 용어가 아직 확립되지 않은 상태다. 이에, 필자가 생각하기에 적법한 번역어를 사용했다.

비문인 것이 마치 정문인 듯 생성된다면, 그 운용은 'Descriptive Adequacy'라는 조건을 위반한 위법한(illegitimate) 운용으로 간주된다는 것이다.

두 번째 조건 'Strong Minimalist Thesis (SMT)'의 정의는 (앞서 1.2.2에서도 언급했듯이) 아래와 같다.

(11) **Strong Minimalist Thesis (SMT**, Chomsky 1995: 96)
Language is an optimal solution to interface conditions.

내용인 즉, 언어[28]란 접합 층위에서 요구하는 조건들을 '최적'으로 만족시키는 체계라는 것인데, SMT로부터 도출되는 하위 조건들 중 '포함 조건(Inclusiveness Condition; Chomsky 1995 et seq.)'을 예로 들어 살펴보자; 포함 조건은, '어휘부에 존재하지 않는 요소가 통사 운용을 통해 추가되어서는 안 된다'는 조건이다. 이에, 특정 운용의 적용 결과, 어휘부에 존재하지 않는 (예를 들어) '흔적(trace)'이나 NP와 같은 '최대 투사'가 추가 되었다면, 해당 운용은 위법한 운용으로 간주되는 것이다 ['포함 조건' 관련, 각주 13을 또한 참조하라].

세 번째 조건 'Resource Restriction (RR)'은, 아래 (12)에 기술하였듯이, 운용을 통해 '작업 공간(Workspace)'의 원소 수가 '증가'하는 것을 금지하는 조건이다.[29]

---

28 여기서 말하는 '언어'란 '일본어', '영어' 등과 같은 '개별 언어'를 일컫는 것이 아니라, '언어 능력(Language Faculty)'이라 명명한 인간 두뇌의 인지 체계(Cognitive System)'을 의미한다.
29 '작업 공간'과 관련해서는 제2장에서 보다 구체적으로 논의할 것이다.

(12) **Resource Restriction (RR)**
Operations [such as MERGE] should never expand WS.
(They may contract it, but never expand it)

네 번째 조건, 'Determinacy'는 다음과 같다:

(13) **Determinacy**
Accessible terms only appear once in workspace.

'Determinacy'는, 간략히 말해, 운용의 적용 결과, '동일' 통사체가
('작업 공간' 내에) 두 번 (이상) 반복해서 출현하게 된다면, 해당
운용은 위법한 것으로 간주된다는 것이다 (RR과 Determinacy에
대해서는, 제 2장에서 보다 구체적으로 논의할 것이다).
　　다섯 번째 조건 'Stability'는 도출 과정을 통해 통사체의 '해석'
이 변경되어서는 안 된다는 조건인데, 예를 들어, 특정 통사체에 운
용을 적용한 결과, 해당 통사체의 의미역이 '행위자(AGENT)'에서
'경험자(EXPERIENCER)'로 바뀌게 된다면, 해당 운용은 Stability
조건을 위반하는 위법한 운용으로 간주된다.
　　여섯 번째 'Recursion'은 Chomsky (2019b: 276)에서 아래와
같이 정의하고 있다:

(14) **Recursion**
Every object that's generated must be available for later
computations.

작업 공간에 놓여 있는 '모든' 통사체들은 모든 운용으로부터 접근이 가능해야 한다는 내용이다.

마지막 'Strict Binary'는 (제 2장에서 자세하게 논의할 구조 생성 기제) 'MERGE'는 단 두 개의 통사체만 결합할 수 있다는 조건이다 — 종래의 용어를 사용하자면, MERGE로 생성된 구조는 항상 '이분지(Binary Branching)'여야 한다는 것이다.

제2장 병합: Merge에서 MERGE로

2.1 병합(Merge)

최소주의 이전의 이론 틀, 즉, 5~60년대의 표준 이론(Standard Theory)과 그 업그레이드 버전인 80년대의 GB에서는 각각, 구 구조 규칙(Phrase Structure rules; PSR)과 엑스-바 구조 틀(X-bar Format)이라는 기제를 통해 언어 표현의 구조를 생성했다. 이에, 각 기제의 꼴은 대략 아래와 같다 ((1)/(2)의 '→' 표기는 '다시 쓰여진다'고 읽을 것):

(1) **PS rules**
    a.   S → NP (Aux) VP
    b.   NP → (Adj) (D) N (PP)
    c.   VP → (Adv) V (NP)
    d.   ....

(2) **X-bar Format**
    a.   XP → (WP); X′
    b.   (X′ → YP; X′)
    c.   X′ → (ZP); X

PSR과 그 업그레이드 버전인 X-bar Format은 여러 면에서 차이가 나는데, 그 중 가장 두드러진 차이는 '복잡성'에 있다 하겠다. 예를 들어 (1)과 같은 PSR 체계의 경우, 명사구 생성을 위한 NP 규칙이 따로 필요하고, 또 동사구를 생성하기 위한 VP 규칙이 따로 요구된다. 말인 즉, 각 구(phrase)를 생성해내기 위해서는, 존재하는 구의 수만큼(이나) 규칙들을 따로 상정해야 하는 것이 PSR 체계인 것이다. 그에 비해 X-bar 체계는 훨씬 간결하다 - 구 범주를 변항 X로 대체한 X-bar 체계에서는 (2)에 열거한 세 종류의 규칙만으로 존재하는 모든 구들의 생성이 가능해진다. 예를 들어, XP의 (변항) X를 N으로 대체하면, 그게 바로 (기존 PSR의) NP 생성 규칙이 된다. 아울러, (1a)에서 알 수 있듯이, 능동 평서문을 기본 골격으로 하는 PSR 체계 내에서는 (예를 들어) 수동 구문과 의문 구문을 생성하기 위해 각각의 변형 규칙, 즉, 수동 변형 규칙과 의문문 변형 규칙이 요구되는데, ('능동 평서문을 기본으로 한다'는) 그러한 전제, 혹은, 제약이 제거된 X-bar 체계 내에서는 (PSR 체계에서 요구되는) 각종 변형 규칙들이 '이동(Move)'이라는 단일 변형으로 축소된다 - 이 또한 '최소주의'가 아닌가.

자, 그러면 이제 (GB의 업그레이드 버전인) 최소주의에서는 구조 생성 기제가 또 어떻게 변화/발전하게 되었는지 살펴보도록 하자 (이하, 해당 통사체(Syntactic Object; SO)[30]의 표찰(Label)[31]은 편의상 밑줄을 그어 표시했다; '➡' 표기는 '결과', 또는, 'returns'로

---

30 '통사체(Syntactic Object)'란, (i) 어휘부에 존재하는 개별 어휘 항목(Lexical Item)들과 (ii) 병합을 통해 생성된 각 집합(set)들을 가리킨다.
31 '투사(Projection)'라고도 일컬어지는 '표찰(Label)'은 일반적으로 해당 통사체의 범주 성보('Categorial Information)'를 가리킨다. 표찰에 대한 보다 자세한 내용은 제4장을 참조하라.

읽을 것).

(3) Merge(X, Y) ➡ {X, {X, Y}}

구조 생성을 담당하는 최소주의의 기제명은 '병합(Merge)'으로써, 이는 그 이전 GB 모델에서 구조생성을 담당했던 X-bar 체계의 업그레이드 버전이다. (3)에서 알 수 있듯이, 이 Merge라는 기제는 두 가지 작업을 담당한다 – 그 하나는 두 개의 SO를 묶어 하나의 집합(Set)으로 만드는 것이요,[32] 또 다른 작업은, 그렇게 묶어 생성한 집합의 표찰(Label)을 투사(project)시켜 또 하나의 집합을 만드는 것이다. 아래 (4)의 구조를 통해 그 과정을 좀 더 자세히 살펴보도록 하자.

(4) Merge(love, Mary) ➡ {love, {love, Mary}}

(4)에서 Merge는 자신이 수행하는 작업 중 하나인 SO 결합, 즉, 'love'와 'Mary'라는 두 개의 SO를 묶어 하나의 집합, 즉, {love, Mary}를 만들었다. 자 그렇다면 여기서 상식적인 질문을 하나 던져 보자 – 'love'의 범주 (혹은, 학교 문법 용어로 '품사')는 '동사(V)'이고, 'Mary'의 범주는 '명사(N)'이다. 그렇다면, 이 둘의 결합체인 {love, Mary}'의 범주는 무엇일까? 바꿔 말해, {love, Mary}라는 통사체는 'love'와 유사한 동사적 성격을 가지는 것일까, 아니

---

[32] 이 경우, Merge의 대상이 되는 각 SO는 어휘부(Lexicon)에서 추출해 온 개별 어휘일 수도 있고, 이전의 Merge를 통해 생성이 (이미) 완료된 집합의 원소일 수도 있다. 이에 대한 보다 구체적인 내용은 2.2를 참조하라.

면, 'Mary'와 유사하여 명사적 성격을 가지는 것일까? 그 대답은, (명사가 아닌) '동사'요, 그래서 'love Mary'를 일러, 흔히 ('명사구' 가 아닌) '동사구(Verb Phrase)'라 일컫는 것인데, 바로 이 대목에서 Merge가 수행하는 또 다른 작업, 즉, 집합을 구성하는 두 SO 중, 해당 집합 전체의 범주적 성격을 결정하는 SO, 그 SO의 범주 자질을 투사시켜 또 하나의 집합을 만드는 작업이 등장한다.[33] 이에, '표찰(Label)'이란 집합의 원소가 되는 두 개의 SO들 중, 해당 집합 전체의 범주적 성격을 결정하는 SO를 일컫는 용어로써, (4) 의 경우, 집합 {love, Mary}의 범주적 성격을 결정하는 SO, 즉, 동사 'love'가 표찰이 되는 것이다.

자, 여기까지는 최소주의가 공식적으로 만천하(?)에 등장한 1995년부터 Chomsky (2013) Problems of Projection (이하, POP)이 나오기 직전까지의 Merge에 대한 이야기다. 말인 즉, POP 가 나오면서, 이 Merge라는 기제가 더욱 변화/발전하였다는 것인데, 그 핵심은 아래와 같다:

(5) a. Merge(X, Y) ➞ {$\underline{X}$, {X, Y}}   (POP 이전)
   b. Merge(X, Y) ➞ {X, Y}   (POP 이후)

POP 이후의 Merge를 도식화한 (5b)에서는, 그 이전 Merge, 즉, (5a)에 있던 '표찰' $\underline{X}$가 사라졌다. 말인 즉, POP에서는 Merge가 담당하는 작업들 중 하나로 간주되었던 '표찰화 작업'을 Merge로부

---

33 따져보면, 이런 '투사' 작업은 말처럼 얼렁뚱땅 넘어갈 일이 아니다 - 관련하여, 제4장의 논의들을 참조하라.

터 제거하고, 남은 하나의 작업, 즉, 두 개의 통사체를 묶어 하나의 집합을 형성하는 작업만 남겨 두었다는 것인데,[34] 그 결과 Merge 가 수행하는 작업의 수가 극도로 최소화 되었다.[35] 뿐만 아니다 ─ (6)을 보자.

(6) Merge(love, Mary) ➡ {love, {love, Mary}}　　　　　(= 4)

기존의 Merge 과정을 좀 더 자세히 들여다보면, 그 표기는 (6=4) 와 같이 되었으나, 사실, '두 차례'의 병합이 적용된 것임을 알 수 있다 ─ 즉, 통사체 'love'와 'Mary'를 묶어 집합 {love, Mary}를 생성하는 병합과, 두 통사체 중에 'love'를 투사하여, {love, Mary} 와 다시 결합시키는 병합, 이렇게 두 번의 병합이 적용된 것이다.

---

34 사실 곰곰이 생각을 해 보자면, Merge가 수행했었던 두 작업, 즉, '집합 생성(Set Formation)'과 '표찰 투사(Label Projection)'는 (애초에) 유사성이 없는 별개의 작업임을 알 수 있다: 전자는 '묶는' 것이지만, 후자는 그와 무관하기 때문이다. 그런데, Chomsky와 같은 인물은 그런 사실을 (언젠가는) 콕 집어내어 논증하고, 필자와 같은 삼류 학자는 그렇게 집어준 후에라야, 그제서야 눈을 돌리고, 또 그 이후라야 '생각'이란 걸 하게 된다. Chomsky 교수가 지닌 '묘하다'고 할까, 아니면, '탁월하다'고 할까, 하여튼 그런 능력 가운데 하나가 바로 흔히 간과되는 내용들을 (주요) '쟁점'으로 콕 집어 부각시키는 능력이라 하겠다. 물론, 그런 것을 '능력'이라고 부르는 데는 'Chomsky'라는 '이름'이 한 몫을 톡톡히 할 것이다 - 그도 그럴 듯이, 설사 같은 내용이라 할지라도, 그 말이 Chomsky 교수 입에서 나오면, 무심하던 이들조차 눈과 귀를 쫑긋하게 되니, 그 파급력에 있어서도 엄청난 차이가 난다. 모르긴 몰라도, 그 신통(?)하다는 '아이디어'란 것들이 Chomsky 교수 혼자만의 능력일 리 만무하다; 유사한 생각을 해보았거나, 혹은, 비슷한 주장을 먼저 펼친 연구자들도 꽤나 있었을 것인데, 그럴 경우에조차도, Chomsky 교수의 입과 글에서 (다시 한번) 나와줘야, 그제야 왠지 (더한) 신뢰가 가고, 비로소 안도감까지 드는 것은, 필시 삼류임의 뚜렷한 징표이지 싶다.
35 이와 같이 '집합 생성'만 수행하는 Merge를 일러, 그 이전 버전의 Merge와 구분하기 위해 종종 'Simplest Merge'라고도 칭한다. 아울러, Merge로부터 분리된 '표찰 작업'은 '표찰 알고리즘(Labeling Algorithm)'이라 명명된 독립된 기제가 담당하게 된다. 이에 대한 구체적인 내용은 제4장을 참조하라.

하지만, POP에서 제안하는 병합에는 이와 같은 문제가 발생하지 않는다; 병합으로부터 투사 작업이 제거되었기 때문이다.

자, 그런데, Merge에 대한 본격적인 이야기는 어쩌면 지금부터다. POP 이후, 2017년부터 2019년 사이에 걸쳐 있었던 일련의 강연들36을 통해 Chomsky 교수는 Merge를 또 한 번 다듬게 되는데37, 그 이유와 내용에 대해서는 절을 바꿔 살펴보도록 하자.

2.2 작업 공간, 외부 병합, 내부 병합

변화된 Merge에 대한 본격적인 이야기를 하기 전에, 몇 가지 주요 개념들을 우선 짚어두도록 하자.

(6) a. **Lexicon**(어휘부)

　　[…, the, …, boy, …, likes, …, girl, …]

　b. **Workspace**(작업 공간)

'어휘부(Lexicon)'란 (화자가 알고 있는 모든) 어휘 항목(Lexical Item)들과 관련된 정보38들이 저장되어 있는, 일종의 저장소, 혹은,

---

36 2017년 강연은 (영국의) University of Reading, 2019년의 강연은 MIT와 UCLA에서 있었다. 2017년 강연 내용은 2019년에 저널에 수록 되었고, 나머지 강연들은 (수고스럽더라도) Youtube를 검색하면 감상할 수 있다.
37 생성 문법에서 제안하는 (거의) 모든 기제들은 수없이 많은 수정을 거치며 변화해 왔고, 앞으로도 계속 그럴 것이다. 허나, 이런 '잦은 변화'들을 두고, 혹자는 '(그저) 말만 바꾸는 게 아니냐'고도 하고, 또 어떤 이들은, '어차피 또 바뀔 것이니, (변하지 않을) 뭔가 다른 걸 해야겠다'며 고개를 설레설레 하는데, 볼진대, '학문'이란 것의 '본질'에 대한 이해 부족에서 비롯되는 판단 오류라 하겠다 - '끊임없는 변화'가 곧 '학문'이요, 현상에 대한 '끊임없는 재해석'을 통해, 근본 원리에 조금씩 더 가까워지는 그 '과정'이 바로 학문 '하는' 것이기 때문이다.

머릿속 사전(Mental Dictionary)을 가리키는 용어이고, '작업 공간 (Workspace; WS)'이란, 이름 그대로, 언어 표현의 생성 작업, 즉, 통사 운용들이 수행되는 공간을 말한다 – 따라서, 통사 운용들 중 하나인 병합(Merge) 역시 WS 상에서 이루어질 것이다.

자, 이 대목에서 질문을 던져 보자 – Merge란 기본적으로 (두 개의[39]) 통사체를 한데 묶는 (통사) 운용이요, 따라서, 이 운용은 WS 상에서 이루어질 것이다. 그렇다면, WS 상에서 Merge 작업이 이루어지려면, 그 전에 우선, Merge의 대상이 될 통사체들이 WS 내부에 들어와 있어야 할 것, 바꿔 말해, 묶음의 대상이 될 어휘 항목들을 어휘부로부터 작업 공간으로 '옮겨' 놓는 작업이 필요하다는 것이다. 그렇다면, 이 '옮김' 작업은 무엇이 담당하는 것일까?

Chomsky (1995)에서는 어휘 항목의 '옮김' 작업과 관련하여 (Merge에 더불어) '선택(Select)'이라는 별도의 기제를 상정했었다.[40] 하지만, Chomsky et al. (2019: 245)에서는 그러한 옮김 작

---

38 어휘 항목이 포함하는 대표적인 정보들로, 음성, 의미, 통사 정보를 들 수 있다. 관련하여 제3장을 참조하라.

39 특별한 제약을 두지 않는 한, Merge는 '단일' 통사체를 대상으로 하여 집합으로 변환하는, 즉, '한 원소 집합(Singleton Set)'의 생성도 가능할 것이다. 하지만, 본문에서는 Merge는 두 개의 통사체를 대상으로 한다 가정하고 논의하겠다. 한 원소 집합에 관심 있는 독자는 Adger (2011)와 그 안의 참고 문헌을 참조하라.

40 Chomsky (1995: 226-227)에 아래와 같은 언급이 있다 (이탤릭은 원문 그대로):

> One of the operations of C_{HL} is a procedure that selects a lexical item LI from the numeration [...] Call this operation *Select*. [...] the operations Select and Merge [...] are necessary components of any theory of natural language. [...] Select must access LI [...] introducing it into derivation.

인용에서 언급하듯, Select라는 기제는 '어휘부(Lexicon)'에 직접 접속하여 어휘 항목을 추출해 오는 것이 아니라, 당시 틀에서 가정했던 어휘부와 도출 과정 사이의 '배번 집합(Numeration)'이라는 일종의 간이 저장소에 접속해서 어휘 항목을 추출해온

업에 대해 다음과 같이 말하고 있다 (이탤릭은 원문 그대로):

(7) All syntactic objects in the lexicon and in the workspace WS are *accessible* to MERGE[41]; there is no need for a SELECT operation.

말인 즉, 'Select'와 같은 별도의 기제는 필요치 않고, 대신 Merge 가 WS 내의 통사체들뿐만 아니라 어휘부 내에 있는 어휘 항목들에 도 접근할 수 있다는 것이다. 바꿔 말해, 어휘부의 어휘 항목들을 WS 상으로 옮기는 작업 역시 Merge가 수행한다는 것이다. 이에, 우리는 (7)의 주장을 받아 들여, Merge가 어휘부에 직접 접속하여 어휘 항목을 WS 상으로 옮겨 놓는다 가정하고, 아래 (8)을 통해 Merge의 두 가지 표현형에 대해 살펴보도록 하겠다 (이하, 이동한 통사체에 대해서는, 그 최종 위치를 제외한 나머지 위치들은 시각 적 구분의 편의를 위해 외곽선으로 표시한다):

(8) a. Merge(like, who) ➡ {like, who}
   b. Merge(John, {like, who}) ➡ {John, {like, who}}
   c. Merge(who, {John, {like, who}}) ➡ {who, {John, {like, who}}}

(8a)의 경우, Merge의 대상이 되는 두 SO, 즉, 'like'와 'who'는 모 두 WS의 외부, 즉, '어휘부'로부터 추출해 온 것이다. 반면, (8b)의 두 SO는 그 출처가 서로 다르다 - 'John'은 어휘부에서 추출해 온

다. 관련하여 각주 51을 또한 참조하라.
41 (대문자로 표기한) 'MERGE'는 'Merge'의 업그레이드 버전이다. 관련하여, 2.3에 서 구체적으로 논의할 것이다.

것이지만, {like, who}는 생성이 완료되어 WS 상에 이미 존재하고 있던 요소다. 이와 같이, Merge의 타겟이 되는 두 SO들 중, 어느 한 쪽이라도 그 출처가 어휘부, 즉, WS의 '외부'일 경우, 그와 같은 Merge를 일러, '외부' 병합(External Merge; EM)이라 부른다.

반면, (8c)의 Merge의 경우, 대상이 되는 통사체들은 모두 WS 상에 이미 존재하고 있는 통사체들이다. 즉, (8c)의 Merge는 (WS 상에서) 생성이 이미 완료된 SO = {John, {like, who}}와 그 '내부'의 한 통사체, 즉, 'who'를 타겟으로 하여, {who, {John, {like, who}}라는 또 다른 통사체를 생성한 것인데, 이와 같이, WS 상에 이미 존재하고 있던 통사체들을 (다시) 묶는 병합을 일러, '내부' 병합, 즉, 'Internal Merge (IM)'라 부른다.[42] 이에, (8c)의 'who'와 'who'에서 짐작할 수 있듯이, (EM의 경우와 달리) IM이 실행된 후에는 동일 통사체가 WS 상에 반복하여 출현하게 되는데, 그 각각을 일러, '복사체(Copy)'라 부른다. 관련된 Chomsky 교수의 언급을 살펴보자 (이하, '작은따옴표'와 이탤릭은 원문 그대로).

(9) a. If α in the syntactic object SO is merged somewhere else (by the operation Merge) to form SO', then the two occurrences of α constitute a chain, the original occurrence called the *trace* or *copy* of the new one. The terminology is misleading [...] each of the elements is a 'copy' of the other.

(Chomsky 2000: 114)

b. [...R[...] an application of IM yields two *copies* of X [...] Repeated IM yields many copies.　　(Chomsky 2007: 10)

---

42 '내부 병합(IM)'은 초기 최소주의에서는 '이동(Move)'이라는 독립된 기제로 간주되었었다. 하지만 이후 Move는 Merge라는 기제의 한 표현형으로 재해석된다.

(8c)에서 두 차례 등장하는 동일 통사체 'who'와 관련해서, 이런 저런 오해와 혼동들이 종종 있어 왔는데, 예를 들어, '복사(COPY)' 라는 별도의 통사 운용이 목적어 위치에 있는 'who'에 실행되어 그 복사본을 만들고, 이어, 그 복사본을 상위로 이동시킨다는 주장들도 있었는가 하면, '재병합(Remerge)'이라는 별도의 기제가 제안되기도 했었다.[43] 이에, 가장 흔한 오해는, (8c)의 'who'와 'who' 둘 중에, 후자만 '복사체(Copy)'로 간주하는 것일텐데, (9)에서 나름 정리를 하고 있다 – IM으로 인해 중복 출현하게 되는 동일 통사체의 경우, 등장하는 '모든' 사례들이 '복사체(Copy)'라는 것이다; 바꿔 말해, (8c)의 'who'와 'who' 둘 중에, 어느 한 쪽은 복사체요, 다른 한 쪽은 (예를 들어) '원본'인 그런 것이 아니요, 둘 모두 복사체라는 것이다.[44]

자, Merge 이야기로 다시 돌아가자 – 보았듯이, Merge에는 두 종류의 '표현형'이 있다: 하나는 EM, 또 다른 하나는 IM. 하지만, 그렇다고 해서, EM과 IM이 '별개의' 두 가지 운용이라 생각하면 오산이다; 병합(Merge)이라는 운용은 하나뿐이다. 다만, 하나의 동전에 양면이 있듯, EM과 IM은 Merge라는 '단일' 운용의 서로 다른 표현형일 뿐이라는 말이다.[45]

---

43 추가 기제들, 즉, COPY와 Remerge에 대한 제안들과 그에 따른 논의들에 대해서 Zhang (2004)와 그 안의 참조 문헌들을 참조하라.
44 이에, 좀 더 따져 보자면, 이동을 거치지 않은 통사체들 역시 복사체로 볼 수 있을 것이다 – 비록 작업 공간 속에는 한번 출현하겠지만, 그 똑같은 요소가 '어휘부'에 존재하기 때문이다. 이렇게 본다면, EM 역시도 복사체를 대상으로 한다고 볼 수 있을 것이다. 복사체와 관련하여, 제4장을 또한 참조하라.
45 '별개의' Merge에 대해서는 2.6을 참조하라.

자, 이제, 'the boy likes the girl'이란 표현을 대상으로, 해당 표현이 Merge라는 기제를 통해 어떻게 생성되는지 살펴보도록 하자.

(10) a. Merge(the, girl) ⟹ {the, girl}
   b. Merge(likes, {the, girl}) ⟹ {likes, {the, girl}}
   c. Merge(boy, {likes, {the, girl}}) ⟹ {boy, {likes, {the, girl}}}
   d. Merge(the, {boy, {likes, {the, girl}}})
       ⟹ {the, {boy, {likes, {the, girl}}}}

통사체 'the'와 'girl'을 어휘부로부터 추출, WS 상으로 옮겨 놓고 Merge를 실행하면. (10a)의 {the, girl}이 생성된다. 그 다음, 통사체 'likes'를 가져와서 이미 완성된 SO = {the, girl}과 Merge를 시키면, (10b)의 {likes, {the, girl}}이 생성되고, 이어, 'boy'를 가져와 (10b) = {likes, {the, girl}}과 Merge를 시키면 (10c) = {boy, {likes, {the, girl}}}이 생성되며, 마지막으로, 'the'를 가져와서 (10c) = {boy, {likes, {the, girl}}}와 Merge를 시키면 (10d) = {the, {boy, {likes, {the, girl}}}}가 생성된다.

자, 그런데, 이렇게 일련의 Merge를 적용하여 생성된 (10d)에는 치명적인 구조적 문제가 발견된다. (10d)를 아래 (11)에 다시 옮겨 살펴보자 (이하, 'VP', 'N' 등과 같은 표기는, 그런 요소들이 구조상에 실재한다는 것이 아니라, 설명의 편의를 위해 추가한 것이다):

(11) {the, {ₙ boy, {ᵥₚ likes, {the, girl}}}}   (= 10d)

(11=10d)에서 동사구 {likes, {the, girl}}와 결합된 통사체는 명사구 '전체', 즉, {the, boy}가 아니라, 그 한 부분인 명사 'boy'다. 바꿔 말해, 'the boy likes the girl'에 대한 (화자의) 직관에 부합하는 구조, 즉, (12)와는 상이한 구조가 생성되었다는 것이다[46]:

(12) {{ₙₚ the, boy}, {ᵥₚ likes, {the, girl}}}

(11)과 달리 (직관에 부합하는) (12)에서는 명사구 '전체', 즉, {the, boy}와 동사구 전체, 즉, {likes, {the, girl}}가 서로 결합된 상태다. 하지만, Merge를 통해서는 (12)와 같은 구조의 생성이 불가능하다 – 이유인 즉, Merge는 '한 번에, 두 개의 통사체'만 묶을 수 있도록 설계되었기 때문이요, 그 결과, (생성이 이미) 완료된 VP = {likes, {the, girl}}에는 'boy' (또는 'the') 만을 Merge 시킬 수 있고, 어느 쪽이 되든, (12)와는 상이한 구조가 생성된다 [관련하여, 각주 50 또한 참조하라]

물론, 약간의 꼼수, 혹은, 기교를 동원하면, Merge에 변경을 가하지 않고도, (11)이 아닌 (12)와 같은 구조를 생성해낼 수는 있다 – 그 꼼수인 즉, 하나가 아닌 두 개의 WS를 상정하는 것이다.

---

46 바꿔 말하면, (11)에서 'the'와 'boy'는 하나의 구성소(constituent)를 이루지 못한다는 것이다.

(13) a. **WS1**: Merge(the, girl) ➡ {the, girl}

　　　　　Merge(likes, {the, girl}) ➡ {likes, {the, girl}}

　　b. **WS2**: Merge(the, boy) ➡ {the, boy}

　　c. Merge(WS1, WS2) ➡ {**{the, boy}**, {likes, {the, girl}}}

(13)에서와 같이, 별도의 독립된 작업 공간들을 마련하여, 한쪽, 즉, WS1에서는 VP = {likes, {the, girl}}을 생성하고, 또 다른 작업 공간, 즉, WS2에서는 (주어)명사구 = {the, boy}를 생성하는 것이다. 그리고 마지막으로, 각 작업 공간에서 완성된 통사체들을 Merge하게 되면, 직관에 부합하는 구조, 즉, {the, boy}라는 명사구 '전체'가 {likes, {the, girl}}이라는 동사구 '전체'와 결합된 (13c)의 구조가 완성된다.

　자, 그런데, (13)과 같은 우회적인 방법에는 치러야 할 댓가가 따른다. 우선, 하나가 아닌 '둘', 또는, 필요시, '복수'의 작업 공간 (Multiple Workspaces)을 상정해야 한다는 복잡성이 발생하고,[47] 나아가, 복수의 작업 공간들을 넘나들며 Merge를 실행해야 하는, 이름하여, WS-간 Merge (cross-workspace Merge)를 허용해야 하는 여분의 수고가 발생한다는 것이다. 이는, Merge의 단점, 혹은, 문제점이자, 이어 살펴볼 Merge의 업그레이드 버전, 즉, MERGE의 장점이기도 한데, 자, 그렇다면 이제, 2017년 즈음부터 본격적으로

---

[47] 관련하여, Chomsky 교수의 입장은 아래와 같이 다소 확고한 입장이다 (적어도 현재까지는):

　"No multiple workspaces. Just one." (Chomsky, p.c. June 2020)

다중 작업 공간과 관련된 주장으로 Milway (2020)을 참조하라.

논의되기 시작한 Merge의 업그레이드 버전인 MERGE를 통해 이 문제를 살펴보도록 하자.

2.3 Merge에서 MERGE로

Merge의 업그레이드 버전을 일러 'MERGE'라 부르는데[48], 이는, 2017년부터 2019년에 걸쳐 University of Reading, MIT, UCLA에서 있었던 일련의 강연들을 통해 Chomsky 교수가 제안하고 논의하는 내용들 중 가장 핵심적인 내용이라 하겠다.

앞서 살펴보았듯이, 기존의 Merge는 통사체들을 묶어 집합을 생성하는 작업을 수행한다. 아울러, 필요시, 어휘부에 접속하여 통사체를 WS 상으로 옮겨 오는 작업도 Merge의 몫이다. 하지만, 업그레이드 된 Merge, 즉, MERGE가 수행하는 작업은 다음과 같이 정의된다:

(14) MERGE operates over syntactic objects placed in a workspace.
(Chomsky et al. 2019: 236)

(14)에 의하면, MERGE는 어휘부에 있는 어휘들을 직접적인 대상으로 삼는 것이 아니라, WS라는 작업 공간 속에 (이미) 놓여 있는 통사체들을 대상으로 묶음을 실행한다는 것이다[49] — 바꿔 말해,

---

48 기존의 Merge와 구분하기 위해, 전체를 대문자로 적고, 주로 'capital MERGE'라 읽는다.
49 이렇게 되면, 통사체들은 어떻게 해서 WS 상으로 옮겨지게 되는가 하는 의문이 들 수 있을 것인데, 관련하여, 이어지는 인용문 (19) 전후에서 논의하겠다.

'통사체'를 대상으로 정의되었던 기존의 병합 작업이 MERGE에서는 '작업 공간'을 대상으로 정의된다는 것이다. 논의의 편의를 위해, (15)에서와 같은 간략한 WS를 통해 MERGE가 수행되는 과정을 알아보자 (이하, 화살표 '←'와 '↑'는 '적용'으로 읽을 것):

(15) WS = [the, boy] ← MERGE(the, boy) ➡ WS' = [{the, boy}]

(15)의 WS 상에는 두 개의 통사체, 즉, 'the'와 'boy'가 있고, 이에 MERGE를 적용하여 두 통사체를 하나의 집합으로 묶는다. 그 결과, 기존의 WS = [the, boy]는 WS' = [{the, boy}]로 업데이트가 되는데, 관련하여 Chomsky et al. (2019: 246)은 다음과 같이 말하고 있다:

(16) MERGE as a function mapping workspaces onto workspaces.

말인 즉, MERGE라는 기제는 주어진 WS를 인풋으로 하여 또 다른 WS'로 사상하는 일종의 함수라는 것이다.

일견 보아, 기존의 Merge와 MERGE는 별다른 차이가 없어 보이거나, 어쩌면 후자가 더 복잡한 것으로 여겨질 수 있을 것이다; 그도 그럴 듯이, 이전의 Merge에서는 암암리에 가정은 했을지언정, 명시적으로는 크게 부각되지 않았던 '작업 공간'이라는 것을, MERGE에서는 그 정의에 구체적으로 등장시켜 언급하고 있기 때문이다. 하지만 이와 같은 작업 공간의 명시적 상정을 통해, 기존 Merge가 안고 있던 문제들이 해결될 수 있게 된다.

앞서 살펴보았듯이, 기존의 Merge는 (주어) 명사구 '전체'가 동사구와 결합하는 그러한 구조를 생성하지 못한다. 편의상, 문제가 되었던 구조와 직관에 부합하는 구조를 다시 옮겨 오자:

(17) a. {the, {boy, {likes, {the, girl}}}}   (= 10d)
    b. **{{the, boy}}**, {likes, {the, girl}}}   (= 12)

기존의 Merge에 의해 생성되는 구조는 (17a), 그리고 직관에 부합하는 구조는 (17b)이다. 이에, (17a)가 안고 있는 구조적 문제를 해결하기 위해, '복수'의 WS와 'WS-간 Merge'를 추가 상정하는 우회적인 방안에 대해 언급했었다. 하지만, 수정된 MERGE의 경우에는 (17a)에서와 같은 구조적 문제가 애초에 발생하지 않는다:

(18) a. WS = [the, boy, likes, the, girl] ← MERGE(the, girl)
    b. WS' = [the, boy, likes, {the, girl}]
       MERGE(likes, {the, girl})
    c. WS'' = [the, boy, {likes, {the, girl}}] ← MERGE(the, boy)
    d. WS''' = [{the, boy}, {likes, {the, girl}}]
      ↑ MERGE({the, boy}, {likes, {the, girl}})
    e. WS'''' = [{{the, boy}, {likes, {the, girl}}}]   (=17b)

우선, (18a)에서와 같이, 최초의 WS 속에 구조 생성에 필요한 통사체들이 모두 포함되어 있다고 가정하고, 해당 WS를 대상으로 MERGE를 적용시켜 보자.

통사체 'the'와 'girl'을 묶으면 (18a)의 WS는 (18b)의 WS'로 업데이트 된다. 이어, WS' 안의 'likes'와 {the, girl}에 MERGE를 적용하면, WS'는 또 WS"로 업데이트가 되어 동사구가 완성되는데, 여기까지는 기존의 Merge와 차이가 없다. 하지만, 이어서 적용하게 되는 MERGE에서 기존의 Merge와 뚜렷한 차이가 발생한다. 앞서 살펴보았듯이, 기존의 Merge로는 완성된 동사구 = {likes, {the, girl}}에 'boy', 또는, 'the'를 한 번에 하나씩 결합시킬 수밖에 없었다. 바꿔 말해, 명사구만을 따로 생성하는 별도의 WS를 추가로 상정하지 않는 이상, 'the boy'라는 명사구 '전체'를 동사구와 결합시킬 방법이 없었던 것이다. 하지만, WS 상에 이미 놓여 있는 통사체들을 그저 묶기만 하는 MERGE의 경우에는, 추가적인 WS를 상정하지 않더라도, 명사구 '전체'와 동사구 '전체'를 함께 묶는 것이 가능하다 – 즉, (18c)에서와 같이, 이미 생성이 완료된 동사구 = {likes, {the, girl}}과는 별개로 'the'와 'boy'에 MERGE를 적용해 하나로 묶고, 그렇게 생성된 NP = {the, boy}와 이미 생성이 완료된 VP = {likes, {the, girl}}를 함께 묶게 되면,[50] 화자의 직관에 부합하는 구조 (12), 즉, (18e)가 생성되는 것이다. 따라서, MERGE는 (기존의) Merge와 비교해 볼 때, 복수의 WS를 상정하

---

[50] 예리한 독자라면 눈치챘을 바, 이와 같은 병합 방식은 '확장 조건(Extension Condition)'을 위배하는 것이다. '확장 조건'에 의하면, 병합은 생성된 통사체의 '전체'에만 적용될 수 있다: 바꿔 말해, {likes, {the, girl}}이 이미 생성이 된 상태라면, 이후의 병합은 {likes, {the, girl}} '전체'를 대상으로 실행되어야 한다는 것이다. 이에, Chomsky (2019b: 276)에서는 '확장 조건'의 타당성을 의심하고 있다.

> [...] what's been called the Extension Condition is a mistake, because the Extension Condition simply stipulated that the only accessible syntactic objects are the whole syntactic object[.]

지 않아도 될 뿐만 아니라, 그에 따른, WS-간 Merge를 가정하지 않더라도, 직관에 부합하는 구조를 생성할 수 있는 장점이 있는 것이다.

상기 언급한 내용에 대해, 혹자는 이런 의문을 가질 수 있겠다 – 그럼, 그 '최초의' WS라는 것은 어떻게 만들어지는 것인가? 사실 따지고 보면, 복수의 WS와 WS-간 Merge를 상정하지 않고도 직관에 부합하는 구조를 생성할 수 있었던 가장 큰 이유(들 중에 하나)는 병합의 대상이 될 통사체들이 '최초'의 WS에 모두 고스란히 담겨 있었기 때문일지도 모른다. 따라서, 이 또한, 어쩌면 또 다른 꼼수일 수 있는 것이다. 하지만, 아쉽게도, 이 의문에 대한 구체적인 답변은 (필자가 아는 한) 아직 나와 있지 않은 상태요, 다만, 아래 Chomsky 교수의 언급들을 통해 모종의 짐작만 가능하다. 우선, (19)부터 살펴보자.

(19) [...] no meaningful question as to *why one numeration is formed rather than another* - or rather than none [...] That would be like asking that a theory of some formal operations on integers - say, addition - explain *why some integers are added together rather than others*, or none. [...] The problem of choice of action is real, and largely mysterious, but does not arise within the narrow study of mechanisms. (Chomsky 1995: 227)

(19)의 'Numeration (배번 집합)'51이란 단어를 WS로 교체하면, 그 말인 즉, '최초의 WS로 하여금 필요로 하는 통사체들을 모두 포함하게끔 만드는 원리는 무엇인가?'와 같은 질문은 그다지 유의 미한 질문이 아니라는 것이다 - 이는 비유컨대, '7+3'이라는 덧셈 (연산)을 두고, '하고 많은 숫자들 중에 왜 하필이면 7과 3을 (선택하여) 더했는가' 하는 질문과 별반 다를 바 없다는 것이다. 우리가 밝혀내야 하는 것은 7과 3의 덧셈 연산이 어떤 방식으로 이루어지는가 하는 것이지, 하고 많은 숫자들 중에 하필이면 7과 3을 더하는가가 아니란 말이다. 만족할만한 답변인가? - 뭔가 속는듯한 기분이다. 관련된 또 다른 언급을 보자.

(20) There are two options, and no obvious reason to pick one or the other [...] One option is that LEX[Lexicon] is a subset of the workspace WS [...] The other is that LEX is parallel to WS. [...] [For the first option] WS contains everything that is available for the next step of the computation. We can think of it as a full specification of the current stage of the computation. Therefore, it is far richer than LEX. Anything constructed by MERGE goes into WS. WS's grow without bound. LEX is fixed. (Chomsky, p.c. June 2020)

WS는 어휘부보다 더 크거나, 혹은, 어휘부와 동일할 수도 있다는 것이다. 전자의 '더 크다'는 말은, 어휘부는 유한하지만, WS는 (적

51 'Numeration'은 Chomsky (1995)에서 처음 제안된 것으로써, 어휘부와 작업 공간 사이에 상정되어, 생성에 사용될 어휘 항목들의 일부를 국면 단위로 포함하고 있는 일종의 간이 저장소라 하겠다. 일견 WS와 유사하다 할 수 있겠는데, Numeration과 관련된 자세한 내용은 Chomsky (1995, Ch.4)를 참조하라.

어도 원칙적으로는) 무한할 수 있기 때문이요, WS 상에는 통사 운용들이 실행되니, 어휘부보다 훨씬 많은 정보들을 보유하고 있음을 의미한다.[52]

어떤가? WS에 대한 만족스러운 의견인가? (19)든, (20)이든, (적어도 필자에게만큼은) 뭔가 찝찝한 구석이 여전하고, 따라서, 구체적으로 다듬어야 할 부분들이 많은 제안들이라 하겠는데, 이에, '작업 공간 생성, 혹은, 구성'에 대해 필자가 생각하는 두 가지 시나리오를 간략하게 추가해 (찝찝함과 혼란을 더욱 가중시켜) 보고자 한다 (논의의 편의를 위해 (21)의 {the, girl}의 추가적인 내부 구조는 생략한다).

(21) a. **The boy likes the girl.**
　　 b. {the, girl}
　　 c. {v*, {the, girl}}

(21b)와 (21c)는, 둘 모두 병합의 결과물이지만, 생각해 보면, 그 성질에 차이가 있다 – 즉, (21b)의 경우에는, 병합의 대상이 되는 통사체 둘 모두 개별 어휘 항목, 바꿔 말해, 해당 병합이 실행되기 '이전'에는 개별 어휘 항목 상태로 (어휘부에) 존재하던 요소들이다. 반면, (21c)의 경우에는, 병합의 결과물이 포함돼 있다 – 즉, 병합의 대상이 되는 두 통사체들 중, v*는 개별 어휘 항목이지만, {the, boy}는 (이전) 병합의 결과물이라는 것이다. 이에, 편의상, (21b)과 같은 사례를 '단순 병합', (21c)는 '복합 병합'이라 불러,

---

52 하지만, 어휘부에서도 여러 작업들이 발생하는 바, 이를 고려한다면, '더 크다'는 주장의 타당성이 희석된다 하겠다.

전자는 어휘부 내부에서(만) 실행되는 작업이고, 후자는 '작업 공
간' 내에서(만) 이루어진다고 가정해 보는 것이다. 그렇다면, (21a)
의 생성은 대략 아래와 같이 이루어질 것이다.

(22) a. Lexicon: [..., the, boy, v*, girl, ...]
　　　　　단순 병합 ➡ (the, boy), (the, girl)
　　　　　➡ Lexicon: [..., {the, boy}, v*, {the, girl}]
　　　b. Put {the, boy}, {the, girl} and v* in WS
　　　　　WS = [{the, boy}, v*, {the, girl}]
　　　　　복합 병합({the, girl}, v*) ➡ WS' = [{the, boy}, {v*, {the, girl}}]
　　　　　복합 병합({the, boy}, {v*, {the, girl}})
　　　　　➡ WS'' = [{{the, boy}, {v*, {the, girl}}}]

(22b)에서 보다시피, 직관에 부합하는 구조가 생성된다. 물론, 이
또한 '단순 병합'과 '복합 병합'에 대한 구체적인 정의와 그 근거가
필요하겠지만, 추구해 볼만한 연구 방향임에는 분명하다.
　　(21a) 생성에 대해 필자가 생각하는 또 다른 시나리오는 다음
과 같다.

(23) a. WS = [{v*, {the, girl}}]
　　　b. WS = [the, boy, {v*, {the, girl}}]　←　MERGE(the, boy)
　　　c. WS' = [{the, boy}, {v*, {the, girl}}]
　　　　　↑ MERGE({the, boy}, {v*, {the, girl}})
　　　d. WS'' = [{{the, boy}, {v*, {the, girl}}}]

눈여겨 볼 지점은 (23a)에서 (23b)로 변화하는 단계다 — 두 개의 통사체, 즉, 'the'와 'boy'가 추가된 '이후'에 MERGE를 적용하는 것이다. 물론, 이와 같은 주장 역시, 이런 저런 논쟁거리들이 생기는데, 우선, (23a)에서 (23b)로의 변화와 Resource Restriction을 살펴보자.

(24=12) **Resource Restriction (RR)**
　　　 Operations [such as MERGE] should never expand WS.

RR은 작업 공간의 증대를 금지한다 — 간단히 말해, 작업 공간의 원소수를 증가시키는 운용은 위법한 운용으로 간주된다는 것이다. 자, 그렇다면, (23a)에서 (23b)로의 변화를 보자 — (23b)에는 기존의 WS 상에는 존재하지 않았던 두 개의 통사체가 추가되었다. 그렇다면, RR을 위배하는 것인가? 애매하다 — 작업 공간 상의 통사체 수가 증가한 것, 즉, 작업 공간이 증대된 것은 분명하지만, 그러한 증대가 '운용' 적용의 결과에서 비롯된 것인지는 분명하지 않기 때문이다. 그도 그럴 듯이, 'the'와 'boy'는 향후, (MERGE와 같은) '운용을 적용하기 위해' 추가된 것일 뿐, '추가' 그 자체를 운용의 결과로 보기는 힘들 것이다.

　　(19)든, (20)이든, 언급한 필자의 견해든, WS 구성과 관련된 제안들은 다듬어야 할 부분들이 산재해 있다 — 더 이상의 논의는 독자들의 흥미로운 연구 주제로 남겨 둔다.

2.4 **MERGE**의 적법성: 결정성과 작업 공간 원소 제한

2017년부터 2019년에 걸친 일련의 강연들을 통해, Chomsky 교수는 기존의 Merge를 MERGE로 수정/발전시킴과 동시에, 통사 운용들이 준수해야 하는 아래 일곱 가지의 조건, 일명 Seven Desiderata라 불리는 조건들을 제안한다.

(25) **Seven Desiderata**
    a. **Descriptive Adequacy** (기술적 타당성)
    b. **Strong Minimalist Thesis** (강력 최소주의 가설)
    c. **Resource Restriction** (작업 공간 원소 제한)
    d. **Determinacy** (결정성)
    e. **Stability** (일관성)
    f. **Recursion** (반복성)
    g. **Strict Binary** (엄격 이항성)

이번 절에서는 (25c)의 Resource Restriction (RR)과 (25d)의 Determinacy를 중심으로, 이 두 조건들이 MERGE 적용의 적법성 여부와 관련하여 어떤 역할을 하는 지 살펴보도록 하자.[53] 우선, 각 조건들의 내용부터 다시 살펴보자.

(26) **Resource Restriction (RR)**
    Operations [such as MERGE] should never expand WS.
    (They may contract it, but never expand it)
(27) **Determinacy**
    Accessible terms only appear once in workspace.

---

53 RR과 Determinacy 외의 조건들에 대해서는 1.2를 참조하라.

(26)의 RR은 앞서 언급했던 (보다 상위의 개념이라 할 수 있는) '연산적 효율성'으로부터 도출할 수 있는 조건으로써 (따라서, 설명적 타당성을 만족시키는 조건이라 하겠다), 운용을 통해 작업 공간 내의 원소의 개수가 '증가'하는 것을 금지한다. 따라서, 운용의 적용 결과, 업데이트 된 WS의 원소수가 기존 WS의 원소수보다 증가했을 경우, 해당 운용은 RR 위반이 되어 위법 운용으로 간주된다.

(27)의 Determinacy는 WS 상에 '동일' 통사체가 반복해서 출현하는 것을 금지하는 조건으로써, 이 또한 연산적 효율성으로부터 도출되는 조건이다 (고로, Determinacy 또한 설명적 타당성을 충족하는 조건이라 하겠다); 예를 들어, 통사체 x를 타겟으로 하는 운용 O를 WS에 적용한다고 해보자. 그런데 만약, 해당 WS 상에 통사체 x가 하나가 아니고, 두 개, 또는, 그 이상 출현하고 있다면, 운용 O는 그 여러 개들 중에 어떤 것을 타겟으로 삼아야 할지 결정하지 못하게 되는, '비결정성, 혹은, 불확정성(indeterminacy)'의 문제가 발생하게 되는 것이다. 그렇게 되면, (적용해야 할) 운용 O를 적용할 수 없게 되는 결과가 초래된다. 따라서, 그와 같은 비결정성 문제의 원인을 제공한 운용은 Determinacy를 위반한 위법 운용으로 간주된다.

자, 그럼 이제, 이 RR과 Determinacy라는 두 조건들이 MERGE의 적법성을 어떤 식으로 가늠하는지 좀 더 구체적으로 살펴보도록 하자. 앞서 살펴보았듯이, 병합의 표현형에는 두 가지, 즉, (28a)의 EM과 (28b)의 IM이 있다.

(28) a. {x, y}   EM
     b. {y, {x, ɏ}}   IM
     c. {{x, y}, {y, z}}   Parallel Merge

최소주의 관련 연구들을 보면, (28a,b)의 EM과 IM 말고도 병합의 추가적인 표현형들이라 하여 (28c)와 같은 병합 방식이 이 종종 등장한다. 일러, '평행 병합(Parallel Merge; Citko 2005)'이라 불리는 것으로써, 보다 익숙할 법한 수형도로 바꿔 표기하면 (28c)는 아래 (29)와 같다.

(29)

```
    /\    /\
   /  \  /  \
  x    y    z
```

Chomsky 교수는 (28a,b)의 EM과 IM 이외의 병합의 표현형들, 그 중에 한 예라 할 수 있는 (28c=29)의 평행 병합과 같은 표현형을 위법 운용 (혹은, 병합의 '남용/오용')으로 간주하는데, EM의 사례부터 차례로 MERGE 틀로 바꾸어 자세히 살펴보도록 하자:

(30) WS = [x, y] ← MERGE ➠ WS' = [{x, y}]   (= 28a)

(30)에서 MERGE는 WS 내의 통사체 x와 y를 결합, 하나의 집합으로 대체하고, 그 결과, 기존의 WS는 WS'로 업데이트 되었다. 자, 이제, 그와 같이 적용된 MERGE가 과연 적법하게 적용된 운용인지, 우선 Determinacy 관점에서 살펴보도록 하자 – 주어진 WS 상

의 두 통사체, 즉, x와 y는 각각 한 차례씩 등장한다. 이에, MERGE의 적용으로 인해 수정된 WS'에서도 x와 y는 한 차례씩만 등장한다. 말인 즉, (30)에 적용된 MERGE는, 동일 통사체를 중복 출현시키는 결과를 초래하지 않았으므로, Determinacy를 준수하는 (적법한) 운용이다. 자, 그렇다면, RR은 어떨까? – 주어진 WS에는 '두 개'의 원소, x와 y가 있다 (즉, |WS| = 2). 자, 그럼, MERGE 적용의 결과물, 즉, WS'를 보자 – WS'에는 한 개의 원소, 즉, {x, y}가 있다 (즉, |WS'| = 1). 따라서, (30)에 적용된 MERGE는, 그 결과로 작업 공간의 원소수가 증가하지 않았으므로, 해당 MERGE는 RR 역시 준수한다. 자, 그리하여, (30)에서와 같은 (표현형 EM에 해당하는) MERGE는 Determinacy와 RR을 모두 준수하는 적법한 운용으로 간주된다.[54]

자, 그렇다면, 병합의 또 다른 표현형인 (28b)와 같은 IM은 어떨까? 역시 MERGE 틀에 맞춰 옮겨보자:

(31) WS = [{x, y}] ← MERGE ⟶ WS' = [{y, {x, y}}]   (= 28b)

(31)의 WS에 적용된 MERGE는 SO = {x, y}와 그 안의 한 통사체, 즉, y를 타겟으로 하여 한데 묶었다. 이에, |WS| = 1이고, |WS'| = 1이니, (31)에 적용된 MERGE는 RR을 준수한다. 자, 그렇다면 Determinacy는 어떨까? 주어진 WS에는 통사체 x와 y가 각각 한 차례씩 등장한다. 하지만, MERGE 적용 후의 WS'에는 통사

---

54 물론 엄밀히 따지자면, (진정으로) '적법한' 운용이 되기 위해서는 Seven Desiderata의 나머지 다섯 개 조건들에 대해서도 위반 사례가 없어야 한다.

체 y가 두 번 등장하고 있다; 바꿔 말해, 이와 같은 MERGE는 동일 통사체를 반복 출현시키는 원인이 되었다는 것이다. 따라서, 동일 통사체의 반복 등장을 금지하는 Determinacy를 위배하는 것이요, 그 결과, (31)에서와 같은 MERGE는 위법 운용으로 간주된다. 그런데, 이 대목에서 상황이 좀 복잡, 혹은, 난감해진다.

앞서 말했듯이, (31)에 적용된 MERGE는, 'what does John like what'과 같이, 언어에서 보편적으로 발견되는 통사체의 이동 현상을 설명하기 위해 생성 문법에서 줄곧 사용해 온, 그런 기본적이자 중추적인 IM의 전형적인 사례다.[55] 그런데, 그와 같은 중추적인 운용이 위법 운용으로 판정된다는 것은, Determinacy라는 조건 (혹은 제약)이 존재하는 이상, 언어의 '이동' 현상을 포착할 길이 없다는 것이(거나, 아니면, IM이 아닌, 다른 기제를 찾아야 한다는 것이)다. 이에, Chomsky 교수는 (32)에서와 같은 MERGE, 즉, IM의 전형적인 사례를 구제하고자, 다음과 같은 조건을 제안한다:

(32) **Shortest Move Corollary** (**SMC**; 최단 이동 정리)
Select the higher copy of Y in $[Y_1 [... [... Y_2 ...] ...]]$ if a path terminating with the higher copy of Y is subpart of a path terminating with the lower copy of Y.

SMC의 내용인 즉, WS 상에 동일한 통사체가 중복 출현했다 할지라도, 그 사실만으로 무조건 RR 위배가 되는 것이 아니요, 중복 출현한 통사체들의 내포 정도에 차이가 있을 경우에는 RR 위배로부

---

55 초기 최소주의에서는 관련하여 '이동(Move)'이라는 기제를 사용했었다. 즉, 'IM'은 과거 'Move'라는 기제의 재해석인 것이다. 관련하여, 2.7을 참조하라.

터 면제된다는 것이다. 아래 (33)를 통해 (31)에 적용된 MERGE, 즉, IM의 전형적인 사례가 SMC에 의해 어떻게 구원을 받는지 자세히 살펴보도록 하자.

(33) WS = [{x, y}] ← MERGE ⟶ WS' = [{y, {x, y}}]   (= 31)

(33)의 MERGE는 그 적용 결과 단일 통사체 y가 두 번 등장하는 WS'를 탄생시켰기에 (Determinacy 위반으로 인해) 위법 운용 판정을 받았다 했다. 자, 그러면 이제, SMC의 관점에서 WS'를 다시 살펴보자 (편의상, 아래 첨자 숫자를 달아 각각의 y를 구분했다):

(34) WS' = [{y_1, {x, y_2}}]

y_1을 포함하는 집합은 전체 통사체, 즉, {y_1, {x, y_2}} 뿐이다 — 이를 집합 {A}라 하자 (즉, {A} = {y_1, {x, y_2}}). 자, 다음, y_2를 포함하는 집합은 전체 집합인 {A}와 그 안의 {x, y_2}다 — 후자를 {B}라고 하자. 정리하면 (35a,b)와 같다.

(35) a. y_1을 포함하는 집합 — {A}
　　 b. y_2를 포함하는 집합 — {A, B}
　　 c. {A} ⊂ {A, B}

(35a,b)로부터, (35c)의 관계 도출이 가능하다 — 즉, y_1을 포함하는 집합과 y_2를 포함하는 집합, 이 두 집합들 사이에는 부분 집합

의 관계가 성립한다는 것인데, SMC에 의하면, 이와 같이 반복 등장하는 동일 통사체들 사이에 (35c)와 같은 부분 집합의 관계가 성립될 경우, Determinacy 위반으로부터 면제가 되는 것이다. 좀 복잡한가? 그렇다면, 앞서 언급했듯이, 이렇게 알고 가면 되겠다 — 동일한 통사체가 두 번 등장하여 일견 Determinacy 위반으로 보일지라도, 해당 두 통사체들의 내포 정도가 다를 경우에는 Determinacy 위반으로부터 면제된다고.[56] 따라서, 언어의 이동 현상을 포착하는 MERGE의 표현형, 즉, IM은 (SMC 덕분에) Determinacy 위배에서 면제되어 적법한 운용으로 간주되는 것이다.

자, 이제 병합의 또 다른 표현형이라 주장되는 (28c)의 '평행 병합'을 MERGE 틀로 변환하여 그 적법성 여부를 살펴보도록 하자.

(36) WS = [{x, {y, z}}] ← MERGE ⟶ WS' = [{x, y₁}, {y₂, z}]

우선, RR부터 보자 — WS는 한 개의 원소로 구성되지만, (MERGE 적용 후의) WS'는 두 개의 원소로 이루어져 있다. 즉, 적용된 MERGE는 원소수의 증가를 초래했으므로, RR을 위배한다. 그럼, Determinacy는 어떨까? 일견 보아, Determinacy 역시 위배하는 듯하다; 그도 그럴 듯이, WS'에는 통사체 y가 중복 출현하고 있기 때문이다. 하지만, Determinacy 위반 사례로 '확정'짓기 위해서는, 앞서 IM의 경우와 마찬가지로, SMC의 관점에서 재검토를 해야 한다

---

56 SMC가 아닌 다른 방식의 구제법에 대해서는 Goto and Ishii (2020)를 보라.

(36) WS = [{x, {y, z}}] ← MERGE ⟶ WS' = [{x, y_1}, {y_2, z}]

- WS'에서 y_1을 포함하는 집합은 $\{x, y_1\}$ = $\{A\}$이고, 통사체 y_2를 포함하는 집합은 $\{y_2, z\}$ = $\{B\}$이다. 자 그러면, 아래 (37)과 같은 상황이 된다.

(37) a. y_1을 포함하는 집합 - $\{A\}$
　　 b. y_2를 포함하는 집합 - $\{B\}$
　　 c. $\{A\} \not\subset \{B\}$; $\{B\} \not\subset \{A\}$

(37c)에서 알 수 있듯이, 평행 병합의 경우, 앞서 (35)의 IM에서와 달리, 각 중복 통사체를 포함하는 두 집합, 즉, $\{A\}$와 $\{B\}$ 사이에 부분 집합의 관계가 성립하지 않는다. 바꿔 말해, (37)의 경우에는, 중복 출현하는 통사체 y_1과 y_2의 내포 정도가 '동일'하다는 것이다. 따라서, SMC에 의해(서도) 구제되지 못하고, 그 결과, (37)에서와 같은 MERGE, 일명 '평행 병합'이라 불리는 병합은 위법 운용으로 간주된다.[57]

---

57 그도 그럴 듯이, 평행 병합을 집합식으로 표기한 (36)을 보면, 통사체 y는 '이동', 즉, IM을 한 것이다; 동일 통사체가 작업 공간에 반복해서 등장할 수 있는 유일한 방법은 IM 밖에 없기 때문이다. 하지만, 동일 평행 병합을 수형도로 표기한 (29)를 보면, 통사체 y는 마치 두 번의 EM을 겪은 형국이다; 한 번은 x와, 또 다른 한번은 z와. 이렇듯, (기존의) 수형도 표기는 구조의 형상을 오기할 소지가 다분하기에, Chomsky (2015a: 4)에서는 아래와 같이 수형도 사용의 금지마저 권고한다.

It is therefore advisable to abandon the familiar tree notations, which are now misleading.

2.5 MERGE와 관련된 쟁점들: 쌍 병합(Pair-Merge)을 중심으로

Chomsky (1995 et seq.)에서는 앞서 살펴보았던 (38a)와 같은 병합에 더해 (38b)와 같은 형식의 병합을 (추가로) 제안한다:

(38) a. Merge(x, y) ➡ {x, y}
　　 b. Merge(x, y) ➡ <x, y>

앞서 살펴본 (38a)와 같은 병합은 그 결과로 '집합(set)'이 생성된다 하여, '집합 병합(Set-Merge)'이라 부르고, (38b)와 같은 병합은 그 결과로 '순서쌍(ordered pair)'이 생성된다 하여 '쌍 병합(Pair-Merge)'이라 일컫는다.

　언급했듯이, 두 병합의 가장 두드러진 차이점은 그 결과물의 형식이다 – '집합 병합'의 경우에는, 한 데 묶여진 통사체들 사이에 순서(order)가 존재하지 않는 '집합(set)'이 생성되는 반면, '쌍 병합'의 경우에는, 묶여진 두 통사체들 사이에 순서가 정해진 '순서쌍(ordered pair)'이 생성된다는 것이다. 따라서, EM과 IM은 (Set-)Merge/MERGE라는 단일 운용의 서로 다른 표현형으로 간주될지라도, 집합이 아닌 순서쌍을 생성하는 (38b)의 병합은 '별개의' 운용, 즉, 'Pair-Merge/MERGE'로 간주해야 한다.

　(38a)와 같은 집합 병합에 대해서는 앞서 어느 정도 살펴보았으니, 이제 쌍 병합, 그 중에서도, 흔히 '핵-부가(Head Adjunction)'이라 일컬어지는 두 핵 간의 쌍-병합에 초점을 맞추어,[58] Chomsky (2019)의 MERGE 체계 내에서 그것이 어떻게 구

---

58 쌍-병합의 또 다른 대표적인 사례로 ('핵'이 아닌) 'read a book [quickly] [in

현될 수 있는지, 이런 저런 가능성들과 관련된 제안들을 살펴보도록 하자.

첫 번째 가능성은 MERGE에 두 종류, 즉, set-MERGE라는 병합과 pair-MERGE라는 (다른 종류의) 병합이 있다고 가정하는 것이다; 한 기제의 다른 '표현형'이 아니라, 독립적인 '두' 개의 기제를 상정하는 것이다. 이에, (39a)의 v*와 V를 대상으로 후자의 병합, 즉, pair-MERGE를 적용하게 되면, 기존의 WS는 (39b)의 WS'로 업데이트 될 것이다.

(39) a. **WS** = [{v*, {V, XP}}] ← **pair-MERGE(v*, V)**

 b. **WS'** = [{<v*, V>[59], {v̸*, {V̸, XP}}}]

자, 그렇다면, 앞서와 같이, (39)에 적용된 pair-Merge의 적법성 판단을 위해, RR과 Determinacy를 놓고 따져 보자. 우선, RR은 위배하지 않는 것으로 보인다; |WS| = 1 = |WS'|이기 때문이다. 그렇다면 Determinacy는 어떨까? – 꽤나 애매하다. 앞서 논의하였듯이, WS 상에 동일한 통사체가 반복해서 출현할 경우, 추가로 SMC까지 고려하게 되는데, 이 SMC 고려에 있어 가장 중요한 요소는 바로 두 통사체의 내포 정도이다. 그런데 여기서 애매한 것이, '집합'이 아닌 '순서쌍'으로 되어 있는 <v*, V> 내부의 v*와 V의 내포 정도를 어떻게 볼 것이냐 하는 것인데, 간략하게 두 가지 시나리오를 생각해보자.

---

the yard]와 같은 '최대 투사' 간의 부가구조를 들 수 있다. 관련하여 제6장의 논의 늘을 참조하라.

59 원칙적으로, 통사체들 간의 순서가 바뀐 <V, v*>의 생성도 가능하다.

우선, <v*, V>의 (내부) 구조를 집합의 내부 구조와 동일한 것으로 간주한다면, (39b)는 대략 (40)과 같을 것이다 ((40)/(41)에서 <v*, V>에 대한 집합식 표기는 내포 정도의 시각적 구분을 위한 방편일 뿐이다).

(40) WS′ = [{{v*, V}, {v*, {V, XP}}}]

보다시피, v*와 v*는 내포 정도가 동일하다. 따라서, SMC에 의해 구제되지 못하고, 그 결과 Determinacy 위배가 되어, 적용된 pair−MERGE는 위법 운용 판정을 받게 된다. 두 번째 시나리오는, 핵−부가의 경우, 부가된 요소를 더 깊이 내포된 것으로 간주해 온 관례를 따라, V가 v*보다 더 깊이 내포되었다고 보는 것이다. 그러면 그 구조는 대략 (41)과 같이 표현될 수 있을 것이다.

(41) WS′ = [{{v*, {V}}, {v*, {V, XP}}}]

하지만, (41)의 경우에도 v*와 v*의 내포도에는 영향을 미치지 못하고 (따라서, Determinacy는 여전히 위반이고), 이전 시나리오에서는 문제되지 않았던, V와 V마저 내포 정도가 동일해져 버린다. 하지만, 두 시나리오에 공히 도사리고 있는 정작 심각한 문제는 따로 있다.

(39b)는 V가 v*에 핵−부가된 구조를 MERGE 틀로 구현해 본 것이다. 바꿔 말해, 도출 과정에서 V가 (상위의) v*로 이동하여 생성되는 구조라는 것이다. 그런데 pair−MERGE를 적용해 생성된

(39b)에서는 마치 v*와 V, 두 통사체 모두가 이동한 모습, 즉, '제자리'에 있는 v*에 V가 이동을 하여 부가된 (전형적인) 핵-부가의 구조가 아니라, v*와 V, '두 통사체 모두'가 각각 '이동'하여 (별도로) pair-MERGE가 된 구조라는 것이다. 심각함은 여기서 끝나지 않는다.

우리는 앞서 병합이라는 기제가 통사체 '결합'과 '표찰의 투사', 이렇게 두 가지 작업을 수행했던 시절에 대해 논의한 적이 있었다. 이에, '표찰 투사' 작업을 병합으로부터 제거함으로써, 병합이 수행하는 작업을 (극단으로) 최소화시킬 수 있다는 장점에 대해서도 논의했었고, 이러한 최소화는 말 그대로 '최소주의 정신'에 부합하는 것이라 했다. 그런데, 그렇게 겨우 최소화시켜 놓은 판국에, 다시 pair-MERGE라는 또 다른 형식의 병합을 추가한다는 것이 뭔가 영 석연치가 않은 것이다. 뿐만 아니라, 두 종류의 병합, 즉, set-MERGE와 pair-MERGE를 허용하게 되면, 언제 어떤 MERGE를 선택하여 적용하며, 그런 선택의 기준은 또 무엇인가 하는 문제까지 발생하게 된다.[60]

자, 이제, MERGE 체계 내에서 pair-Merge를 구현시킬 수 있는 또 다른 시나리오, (수학자) Kuratowski가 제안한 (42)의 변환을 이용하는 시나리오를 살펴보자.[61]

---

60 물론, 그런 문제들이 있다고 해서, pair-MERGE라는 독립 기제의 상정 가능성이 원천 봉쇄되는 것은 아니다.
61 관련하여, Omune (2018)과 Shim (2019)를 보라. 두 저자는 각자 독립적으로 Kuratowski 변환을 이용한 유사한 분석을 제시하고 있다.

(42) **Kuratowski Conversion**[62]

    <a, b> = {a, {a, b}}[63]

Kuratowski 변환의 핵심인 즉, '순서쌍'을 '집합'으로 고쳐 쓸 수 있다는 것인데[64], 이에, (42)의 a, b를 각각 V와 v*로 대체하면, (43)과 같이 된다.

(43) <V, v*> = {V, {v*, V}}

MERGE를 통해 {V, {v*, V}}와 같은 구조를 생성해낼 수 있다면, pair−Merge라는 추가적인 기제를 상정하지 않고 set−Merge만으로도 쌍 병합 구조의 생성이 가능해지는 것이다. 그 결과, 앞서 살펴보았던 시나리오의 치명적인 문제점, 즉, set−MERGE에 더해 pair−MERGE라는 별도의 기제를 추가로 상정해야 하는 문제점이 제거될 수 있는데, 과연 보다 나은 해결안이 될 수 있는지, (44)를 통해 살펴보도록 하자.

---

62 'Conversion'은 해당 변환에 대한 공식 용어가 아니라, 필자가 붙인 명칭이다.

63 원래의 도식은 {{a}, {a, b}}로써, (42)와는 차이가 있다. 하지만, 언어학의 경우, {a}와 같은 '한 원소 집합(Singleton Set)'은 해당 어휘 항목 'a'와 치환이 가능하다는 전제를 따라 {a, {a, b}}로 많이들 고쳐 쓰는데, 아쉽게도, 관련된 필자의 지식이 미천하여 그 시비를 구체적으로 따지기 힘들다.

64 Chomsky (2004a: 118) 또한 유사한 변환 기제를 제안했던 적이 있다.

    [...] there is an operation SIMPL that converts <α, β> to {α, β}[.]

(44) a. WS = [v*, V, XP]   ← MERGE(v*, V)
     b. WS' = [{v*, V}, XP]   ← MERGE(V, {v*, V})
     c. WS''' = [{V, {v*, 𝕍}}, XP]   ← MERGE({V, {v*, 𝕍}}, XP)
     d. WS'''' = [{{V, {v*, 𝕍}}, XP}] ← Kuratowski 변환
     e. WS'''' = [{<V, v*>, XP}]

(44a)부터 (44e)에 이르기까지, 그 어떤 단계에서도 RR 및 Determinacy를 위반한 사례가 없다. 따라서, Kuratowski 변환을 이용하면, pair-MERGE라는 별도의 기제를 상정하지 않고 set-MERGE만으로도 부가 구조의 생성이 가능한 듯 보인다. 하지만, 이 시나리오에도 이런저런 논쟁거리들이 등장하는데, 간략하게 두 가지만 언급해보자.

우선, 이 시나리오에서는 pair-MERGE를 상정하진 않았지만, 그 대신 Kuratowski 변환이라는 기제가 추가된 점을 지적할 수 있다. 하지만 이는, Kuratowski 변환을 인간의 인지 체계에 내장된 연산(쯤)으로 간주한다면, 우회할 수 있을 문제이긴 하다. 또 다른 쟁점은, 부가의 형식이 (43)의 <V, v*>가 아니라, (그 순서가 반대인) <v*, V>일 경우와 관련된다. (44)에서와 동일하게 일련의 MERGE를 적용하면, Kuratowski 변환을 적용하기 직전 (45)와 같은 구조가 생성된다.

(45) {{v*, {𝕍*, V}}, XP}   (= {<v*, V>, XP})

(45)에서 알 수 있듯이, 그 형상은 마치, (V가 아닌) v*가 '이동'을 한 모습이다. 물론, 그렇기 때문에, <v*, V>와 같은 형식의 부가는

위법한 부가 형식, 즉, 핵-부가의 올바른 형상은 <V, v*>여야 한다고 말하거나[65], 또는, (45)의 구조는 결국 {<v*, V>, XP}의 꼴로 변환이 될 것이니, 별 문제가 되지 않는 것으로 치부할 수도 있을 것인데, 판단은 독자의 몫으로 남기겠다.

자, 이제, MERGE 체계 내의 (핵-)부가 구조 구현과 관련된 마지막 시나리오를 살펴보도록 할 텐데, 이해의 편의를 위해, 우선 Epstein, Kitahara and Seely (2016; 이하, EKS)의 논의부터 살펴보자.

(46) a. {<v*, V>, {V, XP}}
　　 b. {<v*, V>, XP}

(46a)는 Chomsky (2000) 이후 보편적으로 사용되는 부가 방식으로써, V가 v*로 '이동'하여 pair-Merge된 모습, 즉, (IM의 한 유형인) '내부' 쌍-병합(Internal Pair-Merge; IPM)이다. 이에 EKS는 set-Merge에 EM과 IM의 두 가지 표현형이 있다면, pair-Merge 역시 그러해야 할 것을 주장하여, (46b)와 같은 ('내부' 쌍-병합에 더해) '외부' 쌍-병합(External Pair-Merge; EPM)을 제안한다. 주장의 핵심인 즉, V가 (도출 과정에서) '이동'을 하여 v*에 부가되는 Chomsky 식의 IPM이 아니라, 'the'와 'boy'가 'External' set-Merge를 통해 {the, boy}가 되듯이, V와 v* 또한 EPM을 통해 (V의 '이동' 없이) <v*, V> 구조를 (직접) 형성한다는 것이다.

　　Chomsky 식의 IPM과 EKS 식의 EPM은 병합이 이루어지는

---

65 이러한 주장은 곧이어 살펴볼 Epstein et al. (2016)의 주장과는 대치된다.

'양상'에서는 차이가 난다 — 즉, 전자는 '내부' 쌍-병합이고, 후자는 '외부' 쌍-병합인 것이다. 하지만 그럼에도 두 주장이 공유하는 점이 있다 — 내부든, 외부든, pair-Merge가 이루어지는 장소는 공히 '작업 공간'이라는 점이다. 이에, Shim (2020)은, Chomsky/EKS와는 대조적으로, 쌍-병합이 이루어지는 곳은 작업 공간이 아닌 '어휘부(Lexicon)'라 주장한다 (편의상, 어휘부에서의 쌍-병합을 Lexical Pair-Merge (LPM)이라 부르자).

(47) a. Lexicon = [..., V, v*, ...] ← LPM ⟶ [..., <v*, V>, ...]
       b. WS = [<v*, V>, XP] ← MERGE(<v*, V>, XP)
       c. WS' = [{<v*, V>, XP}]

(47a)에서와 같이 v*와 V의 쌍-병합은 LPM을 통해 어휘부에서 미리 이루어지고, 그 결과, v*와 V는 이미 <V, v*> 형상을 갖춘 채로 WS 상에 도입되는 것이다. 이어, (47b)의 WS를 대상으로 (set-)MERGE가 적용되고 나면, (47c)와 같은 구조가 생성되는데, 적어도 외견상으로는 EKS가 제안하는 (46b)와 다를 바 없다. 아울러, Shim (2020)은 (ESK (2016)과 마찬가지로) <v*, V> 형식뿐만 아니라, <v*, V> 형식의 어휘부 결합도 가능하다 주장한다.

조금만 시야를 넓혀보면, Shim (2020)이 주장하는 (통사부가 아닌) '어휘부'에서의 (핵-)부가 구조 생성과 <v*, V>, <V, v*>와 같은 서로 다른 순서의 부가 결합은 사실 그리 생소한 주장이 아니다. 한 예로써, 'undoable'이란 어휘를 생각해보자 — 이 어휘는 필시 세 형태소, 즉, 'un-', 'do', -able'이 '어휘부'에서 결합되어

(통사부의) 작업 공간에 놓여질 것이다 − 바꿔 말해, 어휘부 안에서도 병합과 유사한 작업들이 실행되고 있다는 것이다. 뿐만 아니라, 'undoable'과 같은 어휘의 중의성을 고려한다면, 그 결합 순서는 [A un−[A do−able]]일 수도 있고, 또, [A [V un−do]−able]일 수도 있다. 따라서, 이와 같은 어휘부 내에서의 형태소 결합과 서로 다른 결합 순서를 고려한다면, v*−V의 어휘부 결합에 대한 Shim (2020)의 주장은 설득력이 있다 하겠다.

자, 지금까지 MERGE 틀 내에서의 (핵−)부가 구조 실현과 관련된 이런 저런 몇몇 가능성들과 관련된 제안들을 살펴보았는데, '통설'이라 부를만한 분석은 아직 나와 있지 않은 상태다. 따라서, 연구자들의 많은 관심과 참여가 요구된다 하겠다.

2.6 병합의 비용

(앞서 논의했던 pair−Merge와 관련된 쟁점들을 논외로 한다면) 현 최소주의 틀 내에서 구조 생성과 관련된 기제는 '병합' 하나뿐이다. 하지만, 초기 최소주의에서는 구조 생성과 관련해 '병합(Merge)'에 더해 '이동(Move)'이라는 추가 기제가 사용되었다. 최소주의의 현재 틀에서는 Merge와 Move를 단일 기제, 즉, 'Merge/MERGE'의 서로 다른 두 '표현형'으로 간주하여, 전자를 EM, 후자를 IM이라 (편의상) 부르지만, 최소주의 초기에는 서로 독립된 기제로 간주했던 것이다. 이에, 논의되었던 쟁점들 중 하나는, '연산적 복잡성 (Computational Complexity)의 관점에서 볼 때, 두 기제, 즉, Merge와 Move 사이에 어떤 차이가 있느냐' 하는 것이었는데,

Chomsky (2000)에서는 아래 (48)의 'Merge over Move', 일명, MoM이라 불리는 제약을 제안한다.

(48) **Merge over Move (MoM)**
Move is preempted where possible by Merge.

내용인 즉, Merge와 Move, 두 기제를 공히 적용할 수 있는 상황이라면, (Move가 아닌) Merge를 적용해야 된다는 것인데, 이는, Move라는 기제를 Agree, Pied-Piping[66], 그리고 Merge라는 세 기제로 구성된 일종의 '복합(Complex)' 기제로 보았기 때문이다. 이에, (48)의 MoM[67]은 아래와 같은 (허사) 구문의 문법성 차이를 설명하는데 즐겨 이용되었었다:

(49) a. there seems [TP there to be a man in the garden].
  b. *there seems [TP a man to be a man in the garden].

(49a,b)는 도출 과정에서 (50a)의 구조를 공유한다.

---

66 흔히 '동반 이동'으로 번역되는 'Pied-Piping'은 [whose song] do you like에서 처럼, 의문사 'whose'가 이동할 때 'song'이 함께 끌려가는 현상을 일컫는다. 하지만, 그 구체적인 작동 원리는 미완으로 남아있다.
67 여담으로, 'MoM'을 [맘]이라 언급하는 이들을 가끔 볼 수 있는데, 보통 [엠오엠]으로 한 글자씩 따로 읽어 말한다. 물론, [맘]이라 읽지마란 법이 있는 것도 아니요, 반드시 [엠.오.엠]이라 읽어야 할 당위도 없다; 다만, 관례가 그렇다는 것이다 - 허나, '007'을 [영영일곱]이라 하면 어색하듯이, [맘]이라 할 때의 어색한 시선은 본인의 몫일테다. 관련된 또 다른 여담으로, FOXP2라는 (언어 능력 관련) 유전자를 두고, 'FOX를 [팍스]라 읽는 것은 마치 (아이돌 그룹) SES를 [세스]라 읽는 것과 같다며, [에프.오.엑스]라 읽을 것을 강조하는 이들도 간혹 있는데, 아쉽게도, 학계의 관행은 [팍스]라고 읽는 것이다. 호기심 많은 독자는 https://www.youtube.com/watch?v-9Vq6Qrl4l18I&lc=UgwtU2zINRblJPSzJx54AaABAg 를 감상하시라.

(50) a. [T$_{[EPP]}$-to [be a man in the garden]

b. [there T$_{[EPP]}$-to [be a man in the garden]   'Merge'

c. [a man T$_{[EPP]}$-to [be a man in the garden]   'Move'

(50a)에서 T가 보유한 EPP[68]를 해결하는 방법은 두 가지다 -
(50b)에서와 같이 허사 'there'를 병합(Merge)시키거나, (50c)와
같이 'a man'을 이동(Move)시키는 것이다. 하지만, 전자는 결국
(49a)의 정문을 도출하게 되고, 후자는 (49b)의 비문을 도출하게
되는데, 이러한 문법성의 차이를 설명하는데 있어, '병합(Merge)'이
'이동(Move)'보다 연산적인 측면에서 더 간단하다는 MoM이 아주
요긴하게 활용되었던 것이다.[69]

자, 그렇다면, Move라는 기제가 Merge 속으로 편입되어 Merge
의 한 표현형, 즉, Internal Merge (IM)로 간주되는 현 상황에서는
당시의 MoM을 어떻게 (재)해석할 수 있을까?[70] 바꿔 말해, EM과
IM 사이에도 연산적 복잡성에 있어 어떤 비대칭이 존재하는가 하
는 것인데, 만약 존재한다면, 둘 중 어느 쪽이 더, 혹은, 덜 복잡한
운용일까? 여러 가지 입장이 가능해 보인다.

우선, 기존의 MoM을 그대로 받아들인다면, EM(=Merge)이
IM(=Move)보다 더 간단할 것이요, 따라서, 'Merge over Move'는
EM over IM, 즉, 'EoM' 쯤으로 재해석 될 수 있을 것이다. 하지만

---

68 EPP에 대해서는 제4장을 참조하라.

69 그래서인지, 2000년대 초.중반의 (한국 대학의 석.박사) 학위 논문들을 보면, 허사
구문을 주제로 하는 논문들이 유독 많다.

70 이와 같은 재해석이 필요한 이유 중 하나는, 당시 MoM을 통해 분석했던 언어 현
상들은 여전히 존재하기 때문이다 - 누구의 말처럼, '이론'은 사라져도, '현상'은 그
대로 남는다.

Chomsky (2013: 41)에서는 일견 반대의 입장을 표명하고 있다.

(51) the belief that EM is somehow simpler and preferable to IM. There is no basis for that belief. If anything, IM is simpler, since it requires vastly less search than EM. [...] But the question doesn't arise: both are freely available, given the simplest combinatorial operation, Merge.

내용인 즉, '굳이' 따지자 든다면, 더 간단한 쪽은 사실 EM(=Merge)이 아니라 IM(=Move)이라는 것이다 – 이유인 즉, IM의 경우에는 그 대상을 찾기 위해 작업 공간의 내부만 탐색하면 되지만, EM의 경우에는 그 탐색 대상이 어휘부 전체이기 때문이다. 하지만, 이어지는 내용을 보면, 이러나, 저러나, 둘을 두고 연산의 복잡성 차이를 따진다는 것은 사실 별 의미 있는 일이 아니라 말한다; Merge라는 운용이 가능한 이상, 그 운용의 대상이 되는 통사체가 작업 공간의 내부에 있든, 외부에 있든, 그 난이(難易)를 따질 성질이 아니며, 이에, 상대적으로 어느 한 쪽이 더 복잡하다 하여, 동일 기제의 두 표현형 중 한쪽의 사용을 우위에 두려는 발상이 오히려 어색하다는 것이다.

하지만, MERGE 틀의 경우에는, '굳이' 따져 보자면, 이야기가 좀 달라질 수도 있을 듯하다. 왜냐하면, MERGE의 경우에는 그것이 EM이든 IM이든, 대상이 되는 통사체는 언제나 작업 공간 '내부'에 위치하고 있기 때문이다. (52)를 보자.

(52) a. WS = [x, {y, z}]　　　← MERGE(x, {y, z}): EM
　　 b. WS' = [{x, {y, z}}]
　　 c. WS = [x, {y, z}]　　　← MERGE(y, {y, z}): IM
　　 d. WS' = [x, {y, {y, z}}]

(52a,b)에는 각각 EM과 IM이 적용되었다. 하지만 두 경우 모두 WS '내부'의 통사체들을 대상으로 하고 있으니, '내/외부'를 기준으로 하는 복잡성의 쟁점은 애초에 발생하지 않는다. 하지만, 다른 성격의 쟁점은 가능할 수 있다. (52a)에서 알 수 있듯이, EM의 경우에는, 관련된 통사체들이 언제나 WS의 '원소(member)'들이다. 반면, IM의 경우에는, 그 대상이 되는 두 통사체들 중, 어느 한쪽은 언제나 WS의 ('원소'가 아닌) '원소의 원소(member of a member)'일 수밖에 없다. 따라서, (52c)의 경우에도, IM의 대상이 되는 두 통사체 가운데 y는 WS의 '원소'가 아니라 '원소의 원소'이다. 고로, ('내/외부'가 아니라) EM과 IM의 대상이 되는 통사체들의 '내포 정도'를 기준으로 한다면, IM의 경우가 더 복잡하다고 볼 수 있을 것이다; 그도 그럴 듯이, IM의 경우, 통사체 탐색에 있어 '더 깊은' 탐색이 요구되기 때문이다. 따라서, (51)에서의 언급과는 대조적으로, 기존의 MoM과 마찬가지로 IM이 더 부담되는 운용일지도 모른다.

　각주 70에서도 언급했듯이, '이론'은 사라져도, '현상'은 그대로 남는다. 따라서, MoM에 기대어 설명을 시도했던 당시의 언어 현상들 역시 연구자들의 관심과 사랑을 애타게 기다리고 있는 것이다.

제3장 <u>일치, 국면, 전이, 자질 상속</u>

3.1 자질의 해석성

언어를 들여다보면, '의미'와는 딱히 상관없는, 그럼에도 표현의 문법성에 영향을 미치는 그런 요소들이 발견된다.

(1) a. **She like-s Mike.**
   b. ***She like Mike.**

(1a)의 접사 '-s'는 문장의 주어가 '3인칭 단수'임을 표시한다[71]. 그런데 생각해 보자면, 주어가 '3인칭 단수'라는 사실은 주어 'she' 만으로도 충분히 알 수 있다; 바꿔 말해, '주어가 3인칭 단수'라는 사실을 굳이 동사 'like'에까지 '중복'해서 나타내야 할 필연적인 이유는 딱히 없다는 것이다.[72] 그럼에도, '-s'가 없으면, (1b)와 같이 비문이 된다.

   그런데, 조금 더 유심히 들여다보면, 정보의 '내용'은 '3인칭 단

---

71 보다 구체적으로 말하면, '-s'는 '인칭/수'뿐만 아니라, '현재'라는 시제 정보도 담고 있다.
72 이어 언급하겠지만, '인칭'과 '수' 정보를 담고 있는 '-s'는 동사 'like'가 보유하는 정보가 아니라, 국면 핵이라 불리는 C/v*와 관련된다. 따라서, 'like에 나타내었다'는 본문의 표현은 논의의 편의를 위한 것이며, 이하, 구분이 필요하지 않는 이상, 종종 'like'와 연관 지어 표현하겠다.

수'로 동일하지만, 그 '역할'은 'she'와 'like'에 있어 서로 차이가 있음을 알 수 있다. 즉, 'she'와 같은 '(대)명사'의 경우, '3인칭 단수'라는 '인칭'과 '수'에 관한 정보는 'she'라는 어휘의 '의미' 해석과 밀접하게 관련돼있다 - 바꿔 말해, '3인칭 단수'라는 인칭/수 정보는 'she'를 '그녀'라는 의미로 해석하는데 있어 필수 정보라는 것이다; 그도 그럴 듯이, 'she'의 인칭/수 정보를 (예를 들어) '3인칭 복수'로 바꾸게 되면, 그 어휘의 의미는 더 이상 '그녀'가 아니다. 반면, 'like'의 경우에는 사뭇 다르다 - 'like'를 '좋아 한다'는 의미로 해석하는데 있어, 인칭/수 정보는 아무런 영향을 미치지 않는다는 것이다. 바꿔 말해, 접사 '-s'가 있든 없든, '좋아 한다'는 'like'의 (어휘적) 의미에는 아무런 변화가 없다는 것이다. 자, 이제, 이상 언급한 내용들과 관련된 최소주의의 제안들과 주장들을 살펴보자.

최소주의에서는 하나의 어휘를 '자질들의 묶음(feature bundle)'으로 간주한다; 전자와 핵이 모여 하나의 원자를 이루듯, 자질들이 묶여 하나의 어휘를 이룬다는 것이다.[73] 이에, 해당 자질들은 아래와 같이 크게 세 종류로 분류된다.

(2) a. 음성 자질(Phonetic[74] Features): [+bilabial], [−voiced], 등.
　　b. 의미 자질(Semantic Features): [+animate], [+adult], 등.
　　c. 형식/통사 자질(Formal/Syntactic Features):
　　　　[+N], [3 Person], [Singular], 등.

---

73 어휘 형성과 관련된 자질 묶음은 어쩌면 영원히 풀리지 않을 수도 있을, 복잡하고 흥미로운 연구 영역이라 하겠다.
74 '음성 자질'은 종종 '음운(Phonological) 자질'이라고도 불린다.

자, 이쯤에서 SMT를 떠올려 보자 – SMT에 의하면, FL은 각각의 접합 층위, 즉, '음성' 해석을 담당하는 SM과 '의미' 해석을 담당하는 CI에 각 접합 층위가 '해석할 수 있는' 정보들만 전달해야 한다. 자, 그렇다면 이러한 내용을 (2)의 자질들과 결부시켜 생각해보자 – SM은 '음성' 해석을 담당하는 접합 층위이니, (2)의 자질들 중, '음성' 자질군에 속하는 자질들은 (어휘의 '음성' 해석을 위해) SM이 필요로 하는, 따라서, SM이 해석할 수 있는 자질들로 볼 수 있을 것이다. 이에, 최소주의에서는 음성 자질군에 속하는 모든 자질들을 일러, SM에서 해석될 수 있는, 즉, 'SM-해석성 자질(SM-interpretable feature)'이라 부른다 (따라서, (2a)와 같은 음성 자질들을 일러 '순수' 음성 자질이라고도 일컫는다). 자, 그렇다면 또 다른 접합 층위 CI는 어떨까? CI는 어휘의 ('음성'이 아닌) '의미' 해석을 담당하는 접합 층위다 – 그렇다면, (2)의 자질들 가운데, CI가 필요로 하는, 바꿔 말해, CI가 해석할 수 있는 자질들은 (2b)의 '의미' 자질들일 것이라는 추론이 가능한데, 이에, 최소주의에서는 의미 자질군에 속하는 모든 자질들을 일러, CI에서 해석될 수 있는, 즉, 'CI-해석성 자질(CI-interpretable feature)'이라 부른다 (같은 맥락으로, (2b)의 자질들을 일러, '순수' 의미 자질이라고도 칭한다).

자, 그럼 이제, 반대로도 한번 생각해 보자 – 모든 '음성' 자질들은 SM이 해석할 수 있는 자질들이다. 바꿔 말해, '음성' 자질들은 CI에서는 필요치 않은, 따라서, 해석될 수 '없는' 자질, 즉, CI-비해석성 자질(CI-uninterpretable feature)'이라는 것이다. 마찬가지로, 모든 '의미' 자질들은 ('의미' 해석을 담당하는) CI에서는 해석성 자질이지만, ('음성' 해석을 담당하는) SM에서는 '비해석성', 즉, SM-비해석성 자질(SM-uninterpretable feature)이 된다. 자, 이렇듯, (2a)의 (순수) 음성 자질들과 (2b)의 (순수) 의미 자질들은 각 접합 층위의 해석성에 있어 비교적 간단하고, 깔끔하다. 문제는, (순수) '음성' 자질도 아니요, 그렇다고 (순수) '의미' 자질도 아닌, (2c)에 있는 '형식/통사'자질[75]들의 (접합 층위) 해석성에서 발생한다. 우선, 접합 층위는 음성/의미와 관련된 SM과 CI, 이 둘뿐이니, 다음과 같은 가능성들을 한번 펼쳐보자.

(3) a. 어느 접합 층위와도 관련 없다.

b. 어느 한 쪽의 접합 층위와만 관련된다.

c. 접합 층위 두 곳 모두와 관련된다.

(3a)에서처럼, SM과 CI, 둘 중 어느 쪽과도 상관이 없다면, 이런 의문이 이어질 수 있다 - 어휘의 '의미'와 상관없고, '음성', 즉, 발음과도 무관하다면, 그럼 그런 자질들은 도대체 어디에 쓰는 자질들인가? 그런 (쓸데없는?) 자질들을 상정해야 하는 이유는 무엇인가? - 대답하기 쉽지 않은 질문이다. 옵션 (3b)의 경우에도 이런

---

[75] 예를 들어, '동사(V)'라는 (형식 자질의 한 유형인) 범주 자질을 [+human]/[+bilabial]과 같은 순수 의미/음성 자질과 비교를 한번 해보자. 먼저, '인간'이라는 것과 '동사'라는 정보는 의미적 '강도'에 있어 차이가 난다 - 전자의 경우는 그 의미의 '내용'이 다소 분명히 그려지지만, 후자는 그렇지 않다는 것이다. 마찬가지로, '두 입술음'이라는 정보와 '동사'를 비교해 보아도, 음성 정보의 '강도'에 있어서 현저한 차이가 난다. 하지만, 그렇다고 해서 '동사'라는 범주 정보가 아무런 역할을 하지 않는 것도 아니다. 예를 들어, 'import'의 경우, '동사'라는 범주 정보는 해당 어휘의 강세 (즉, '음성' 정보)를 결정하는데 중요한 역할을 담당한다. 바로 이런 이유로, 형식 자질이라는 제3의 자질군을 별도로 상정하는 것이다. 관련하여, 이어지는 각주 78 또한 참조하라.

저런 의문들이 생긴다 – 어느 '한 쪽'이라면, 그 한 쪽은 SM인가, 아니면, CI인가? 옵션 (3c)에도 의문을 던져볼 수 있다 – 자질은 '하나'인데, 어떻게 해서 SM과 CI, '두 곳' 모두로 전달될 수 있는가?

자, 이제, 형식 자질들 중에 가장 빈번하게 등장하는 '일치 자질'을 대상으로, 두 접합 층위, 즉, SM과 CI에서의 해석성과 관련하여 좀 더 자세히 이야기해 보도록 하자.

(4) she: [p[3], n[sg.], g[f]]

(대)명사가 – 이하, 문맥상 특별한 혼동이 없을 경우, '명사'라 총칭 – 보유한 자질들 가운데, '인칭(Person)', '수(Number)', '성(Gender)' 정보를 담고 있는 자질들을 총칭하여 '일치 자질(φ-feature)'이라 부른다.[76] (4)의 경우, '3인칭', '단수', '여성'이라는 정보가 바로 'she'가 보유한 φ-자질의 내용인 셈인데, 이 φ-자질은 ((순수) '의미' 자질군에 속하는 자질은 아니지만) 'she'라는 대명사의 의미를 ('그녀'로) 해석하는데 중요한 역할을 담당한다.[77] 따라서, 'she'의 경우와 같이 φ-자질의 소유주가 '명사'일 경우에는, '형식' 자질이지만, 해당 명사의 '의미' 해석에도 (일정 부분) 영향

---

[76] '일치 자질'을 총칭하는 데 있어 왜 하필이면 'φ'라는 (그리스) 문자를 선택했을까, 궁금하여 Chomsky 교수에게 물었던 적이 있었는데, 돌아온 대답은 '기억이 나질 않는다'.

[77] 관련하여 Chomsky (1995: 230)에서도 다음과 같이 말하고 있다.

[...] even formal features typically have some semantic correlates and reflect semantic properties [...]

을 미치는 '의미' 자질적 특성을 가지고 있다 하겠다.[78] 자, 그렇다면, 이와 같은 (명사의) φ-자질은, 비록 '순수 의미' 자질은 아니라 할지라도, 'she'의 의미를 해석해내기 위해 필요한 자질, 즉, CI-해석성 자질로 볼 수 있을 것이다. 자, 그렇다면, 이런 φ-자질의 SM에서의 해석성은 어떨까? 'She'를 [ʃi]라고 발음하기 위해, φ-자질의 정보가 필요할까? 아니다 – 'she'의 발음과 관련된 정보는 'she'가 가진 (순수) '음성' 자질에 이미 모두 포함되어 있기 때문이다. 따라서, '단수'니, '3인칭'이니 하는 φ-자질은 'she'의 발음, 즉, 음성 해석과는 무관한 것이요, 고로, 명사의 φ-자질은 CI에서는 해석성이지만, SM에서는 비해석성 자질이 되는 것이다.[79]

자, 이번엔, φ-자질의 소유주가 'she'와 같은 (대)명사가 아닌, '동사 like'인 경우를 살펴보자. 이미 말했던 바, φ-자질의 내용이 '3인칭 단수'일 경우, 상응하는 형태는 'like-s'다. 반면, (예를 들어) '1인칭 복수'일 경우에는 'like-∅'가 된다. 자, 그러면 물어보자 – φ-자질의 내용이 달라지면, 'like'의 '의미' 또한 달라지는가; 3인칭 단수형인 'like-s'와 1인칭 복수형형인 'like-∅'가 의미적으로 무슨 차이가 있느냐는 말이다. 아니다 – 'like-s'든, 'like-∅'

---

78 φ-자질이 해당 명사의 의미 해석에 영향을 미친다는 점은 분명하지만, [+human]과 같은 '순수' 의미 자질과 비교해 볼 때, 그 의미적 '강도'에서는 차이가 느껴진다. 그도 그럴 듯이, '[+human]'이라는 순수 의미 자질은 그 자체로 '어휘적' 의미가 있다. 하지만, (예를 들어) φ-자질의 한 유형인 '3인칭'의 경우에는 그 '어휘적' 의미를 떠올리기 힘들다. 이와 같은 이유에서, φ-자질은 (순수) 의미 자질로 분류되지 않고, 형식 자질로 분류된다.

79 이 또한 더 따지고 든다면, 이런 저런 쟁점들이 생길 수 있다. 예를 들어, (단수형인) 'man'과 그 복수형인 'men'을 생각해 보자 – 두 어휘의 서로 다른 모음의 음가 정보는 어디에 표시되는 것일까? 각 어휘의 '음성' 자질군에 직접 표시되는 것일까, 아니면, 각 어휘의 '수' 정보를 통해 그에 상응하는 음가가 부여되는 것일까? 생각해 보면, 꽤 흥미로운 주제일 것이나, 그 몫은 독자에게 돌린다.

든, '좋아 한다'는 그 의미에는 하등의 차이가 없다. 따라서, 동사의 φ-자질은 (명사가 그 소유주일 경우와 달리) 자신의 의미 해석에 아무런 영향을 미치지 않는 CI-비해석성 자질인 것이다. 그렇다면, 또 다른 접합 층위, 즉, SM에서의 해석성은 어떨까? 3인칭 단수형인 'like-s'는 1인칭 복수형인 'like-∅'와 음성형이 다르다. 바꿔 말해, 'like-s'가 [laɪk]가 아닌 [laɪks]로 음성화 되려면, '3인칭 단수'라는 φ-자질의 내용이 꼭 필요하다는 것이다. 따라서, 동사가 소유하는 φ-자질의 경우, (명사의 경우와는 반대로) CI에서는 비해석성이지만, SM에서는 해석성이 된다.

자, 이쯤에서 한번 정리를 해놓자 – '음성' 자질군에 속하는 모든 자질들은 SM-해석성 자질이요, CI-비해석성 자질이다. 반대로, '의미' 자질군에 속하는 모든 자질들은 CI-해석성이지만, SM-비해석성이다. 마지막으로, '형식' 자질군에 속하는 자질들은 해당 자질을 보유하는 '범주'에 따라 각 접합 층위에서의 해석성이 달라질 수 있다.

3.2 일치(AGREE)

어휘가 보유한 자질들은 해석성 자질과 비해석성 자질로 구분됨을 살펴보았다. 자, 그렇다면, 각 자질들이 제대로 활용되려면, 각각의 해석성에 따라 해석을 받을 수 있는 접합 층위로 전송이 되어야 함을 짐작할 수 있을 것이다; 바꿔 말해, '음성' 관련 자질들은 자신이 해석될 수 있는, 혹은, 자신을 필요로 하는 SM으로(만) 전달이 되어야 할 것이고, 반대로 '의미' 관련 자질들은 (SM이 아닌) CI로

(만) 전달이 되어야 한다는 것이다. 자, 그렇다면, 자질들을 전달 '받는' 접합 층위 입장에서야, 자질의 해석성 여부를 스스로 판단하여 알 수 있다고 가정할 수 있겠지만, 전달'하는' 입장, 즉, 통사부에서는 해당 자질의 접합 층위 해석성 여부를 어떻게 식별하는 것일까? 이 자질이 접합 층위에서 해석을 받을 수 있는 해석성인지, 아니면, 받지 못하는 비해석성인지, 그 차이를 어떻게 알고, 적재적소의 접합 층위로 보낼 수 있는 것일까? 아래 예문들을 살펴보면서 논의를 이어가도록 하자.

(5) a. She like-s John.
   b. (ma) tam   kalaŋ   we:l-s-e:m
      I   this reindeer   kill-PAST-1SGS.SGO
      'I killed this reindeer.'
   c. (ma) tam   kalaŋ-ət   we:l-sə-l-am
      I   this reindeer-PL kill-PAST-PLO-1SGS
      'I killed these reindeer.'

                        (Dalrymple and Nikolaeva 2011: 142-143)

(5a)는 주어의 φ-자질 내용과 동일한 정보가 동사에 반복해서 등장하는 전형적인 사례다. (5b,c)의 Ostyak 어 예들은 주어의 φ-자질 내용뿐만 아니라, 목적어의 φ-자질 내용 역시 동사 *we:l* 'kill'에 반복해서 등장함을 보여주는 사례다. 자, 이제, 이와 같은 '주어-동사', 그리고, '목적어-동사' 간의 φ-자질 (값) 공유 현상을 최소주의 방식으로 이야기해 보자. (이하, 지금까지 '동사'와 결부시켜 논의했었던 φ-자질을 C/v*와 결부시켜 논의하겠다; 보다 상세한 논의는 3.3을 참조하라).

(6) a. she: [p[3], n[sg.], g[f]], 총칭 [iφ] (i = interpretable)
    b. C: [p[ ];n[ ];g[ ]], 총칭 [uφ]   (u = uninterpretable)

앞서 언급했듯이, 'she'와 같은 (대)명사의 φ-자질은 CI-해석성 자질이다. 바꿔 말해, 'she'라는 어휘는 그 어휘 자체로 이미 '3인칭', '단수', '여성'이라는 의미를 내포하고 있다는 것이요, 이에, 접합 층위 CI는 그러한 φ-자질 '값(value)'을 읽어내어, 'she'라는 어휘를 '3인칭/단수/여성'으로 해석한다는 것이다. 그렇다면, 통사부에서는 어떨까? – 통사부는 '해석'을 담당하는 부문이 아니다. 따라서, 자질의 '값이 얼마'인지는 알아야 할 이유도, 필요도 없다. 하지만, 그럼에도, 자질의 해석성 '유무'만큼은 알고 있어야 한다; 그래야만, 해당 자질에 대한 접합 층위 전송 여부를 결정할 수 있기 때문인데, 이에, (6a)에서와 같이 그 값이 이미 어휘부에서부터 '명시되어 있는' 자질은 (통사부에서) '해석성'으로 인지되고, 반면, (6b)에서와 같이 그 값이 '명시되어 있지 않은' 자질들은 비해석성으로 인지된다; 달리 말하자면, (최종적으로 '동사'의 형태를 결정할) C의 φ-자질 값, 즉, 동사의 형태가 단수형이냐, 복수형이냐 하는 것은 동사 그 자체로써 이미 정해져 있는 것이 아니라, 문장 속의 주어에 '따라' 결정되는 것이니, 그 전에는 '비명시(unspecified)' 상태라는 것이다. 관련된 Chomsky (2001: 5)의 언급을 보자.

(7) [...] uninterpretable features, and only these, enter the derivation without values, and are distinguished from interpretable features by virtue of this property.

같은 말이다 - 통사부에서는 자질 값의 명시 여부를 근거로 하여, 해당 자질의 해석성 유무를 구분한다는 것이다.

자, 그런데, C가 보유한 비해석성 φ-자질은, 비록 그 값이 명시되지 않은 채로 도입되었지만, 언젠가는 값이 명시가 되어야 한다; 왜냐하면, C의 φ-자질은 CI에서는 비해석성이지만, SM에서는 해석성, 즉, (SM에서) '읽혀질 내용'이 필요한 자질이기 때문이다. 자, 그렇다면, C의 φ-자질은 어떤 경로를 통해 (SM에서 필요로 할) 자질 값을 획득하게 되는 것일까? ('⟿' 표기는 '탐색(Search)'을 의미한다)

(8) a. C$_{[u\varphi[\ ]]}$ 'probing' ⟿ John$_{[i\varphi[3]]}$

    b. C$_{[u\varphi[3]]}$ ← AGREE → John$_{[i\varphi[3]]}$

C가 보유한 비해석성 φ-자질, 즉, (8a)의 [uφ]를 '탐침(Probe)'이라 부른다.[80] 탐침은 자신과 동일한 유형의 자질[81]을 찾기 위해, (구조상에서) 자신의 탐색 가능 영역, 즉, 자신이 c-command 하는 영역을 수색할 수 있는 능력을 가진 자질이다. 이에, (8a)에서와 같이, 탐색 과정에서 'John'이 보유한 (동일 유형의) φ-자질을 발견하게 되면, 'John'이 보유한 φ-자질로부터 그 값을 할당받게 되는데, 이러한 과정을 (자질의) '값 매김(Valuation)'이라 부르고, 이런 값 매김을 수행하는 기제를 일러 '일치(AGREE)'라 부른다.[82]

---

80 경우에 따라, 비해석성 자질을 보유한 '범주' 전체, 예를 들어, 'C'를 일러 '탐침'이라고도 부른다.
81 그와 같은 자질을 보유한 요소를 일러 (탐침에 대응하여) '목표(Goal)'라 부른다.
82 탐침과 목표 사이의 AGREE는 탐침뿐만 아니라, 사실 목표에도 변화를 일으킨다;

(5b,c)에서 살펴 본 '목적어와 동사'의 일치도 동일하다.

(9) v*$_{[u\varphi[sg]]}$ ← AGREE → kalaŋ$_{[i\varphi[sg]]}$

'주어'와 '동사' 간의 일치에서는 C가 가진 비해석성 φ−자질이 탐침이 되었지만, '목적어−동사' 일치에서는 v*가 보유한 비해석성 φ−자질이 탐침이 된다. 따라서, v*의 [uφ]는 그 자질 값이 명시되지 않은 채로 도입되고, (9)에 나타내었듯이, 목적어 명사 *kalaŋ* 'reindeer'이 보유한 [iφ]와 AGREE를 함으로써, 그 값이 명시된다.

자, 이렇게, C와 v*가 보유한 φ−자질은 AGREE에 의한 값 매김을 통해서 그 자질 값이 명시가 되고, 그에 따라, SM으로 전달되어 상응하는 해석을 받을 수 있게 되는데, 늘 그렇듯이, 문제에 대한 해결책은 또 다른 문제들을 야기하게 된다. 절을 바꿔 이야기를 이어가도록 하자.

즉, 전자는 자질 값을 할당받고, 후자는 '격(Case)'을 할당받는다는 것인데, 관련하여 Chomsky (2001: 16)에서는 이렇게 말하고 있다:

> [...] assuming [...] George and Kornfilt's (1981) thesis that structural Case is a reflex of agreement.

내용인 즉, Probe와 Goal의 AGREE를 통해 Goal에 생겨나는 일종의 부산물, 혹은, 부수 현상(epiphenomenon)이 바로 Case라는 것이다: 해당 Probe를 보유한 범주가 C일 경우, 그 부산물은 '주격(Nominative)'이 되고, v*이면 '목적격(Accusative)'이 된다. 좀 더 자세한 내용은 제5장을 참조하라.

3.3 국면과 전이(TRANSFER)

자질들은 각각의 해석성에 따라 해당하는 접합 층위로 전달된다고 했다. 자, 그렇다면, 1) 통사부에서 접합 층위로의 전달은 어떻게 이루어지는 것이며, 2) 또 그러한 전달은 생성 단계의 어느 시점에서 발생하는 것일까? 이 질문들에 답하기 위해, 관련된 최소주의의 가정들을 살펴보자.

우선, C와 v*에 대한 이야기를 해보자. 앞서 살펴보았듯이, AGREE라는 작업에는 C/v*가 가진 [uφ]가 아주 중요한 역할을 담당한다. 바꿔 말해, C/v*가 보유한 [uφ]는 탐침이 되어, AGREE라는 작업을 유발하는 일종의 '촉발제' 역할을 하는 셈인데, 이에, 그 중요한 역할을 고려하여, C와 v*에 특별한 이름이 하사된다 ─ 이름하여, '국면의 핵(Phase Head)'이라 부르고, 그 핵들의 최대 투사, 즉, CP와 v*P를 일러 '국면(Phase)'이라 부른다.[83] 자, 이제 이 국면 (핵)이라는 개념을 염두에 두고, 아래 (10)을 살펴보도록 하자.

---

[83] C와 v* 외에 다른 범주들도 국면 핵이 될 수 있는가 하는 문제는 결론나지 않은 쟁점이요, 특히 범주 D와 관련해서는 더욱 많은 논쟁들이 있는데, 이에, Chomsky et al. (2019: 241)에서는 다음과 같은 언급을 하고 있다:

> If smaller units such as NPs, PPs, etc. are also phases [...] While technically coherent, this inflation of phasal categories creates significant additional complexity and threatens to render the notion of phase-based derivation vacuous.

국면 핵이란 개념을 제안하게 된 가장 주요한 이유는, 그로 인해 연산적 복잡성을 줄일 수 있어서였다. 그런데, 그런 국면 핵이 넘쳐날 정도로 많아진다면? ─ 원래의 취지가 되려 무색해질 수 있다는 것이다.

(10) a. **John likes Mary.**

b. v*P = {$_{v*P}$ John$_{[i\phi]}$, {v*$_{[u\phi]}$, {$_{VP}$ likes, Mary$_{[i\phi]}$}}}   ← TRANSFER

c. v*P = {$_{v*P}$ John$_{[i\phi]}$, {v*$_{[u\phi]}$}}

d. CP = {C, {$_{TP}$ John$_{[i\phi]}$, {T, {$_{v*P}$ John$_{[i\phi]}$, {v*$_{[u\phi]}$}}}}}   ← TRANSFER

e. CP = {C}

(10a)를 생성하는 어느 단계에서 (10b), 즉, 국면 v*P가 생성된다. 그러면, 더 이상의 생성은 (잠시) 중단되고, 국면 v*P 내에서 이런 저런 (필요한) 작업들이 이루어진다. 우선, v*가 보유한 [uϕ]는 탐침이 되어, 'Mary'가 보유한 [iϕ]를 찾아내고, 그로 인해, 둘 사이에 AGREE가 이루어진다. 그 결과, 탐침은 자질 값을 얻게 되고, 목표(Goal)인 'Mary'는 (목적)격을 얻게 된다. 이에, 최소주의에서는 (10b)와 같이 하나의 국면이 완성 되고나면,84 해당 국면 핵의 보충어 영역, 즉, VP가 각 접합 층위로 전달된다고 가정하는데, 이와 같이, 생성된 구조의 특정 영역을 각각의 접합 층위로 전송하는 기제를 일러 '전이(TRANSFER)'라 부른다. (10b)에 TRANSFER가 적용되고 되면, 통사부의 모습은 VP가 사라진 (10c)와 같아진다. 이어지는 생성을 통해, (10d)에서와 같이, 또 하나의 국면, 즉, CP가 완성되고 나면, 그 마지막 단계에서 또 다시 TRANSFER가 적용되고, 그 결과, 국면 핵인 C의 보충어 영역, 즉, TP가 각각의 접합 층위로 전달되어, 통사부의 모습은 (10e)와 같이 된다.

---

84 '완성'이라 함은, (이어 언급하는 TRANSFER 작업을 남겨두고) 국면 내에서 요구되는 다른 모든 운용들이 수행되었음을 의미한다. 따라서, TRANSFER는 국면 내에서 적용되는 가장 마지막 작업이라 할 수 있다.

TRANSFER 작업과 관련하여 Chomsky (2004a et seq.)는 또 다음과 같은 주장을 한다:

(11) By definition, the operation TRANSFER applies at the phase level. (Chomsky 2004a: 111)

앞서 3.2에서 살펴보았듯이, 국면 핵, 즉, C/v*가 보유한 비해석성 φ-자질은 AGREE라는 작업의 '유발자', 혹은, '촉발제' 역할을 한다. 이에, Chomsky 교수는, (AGREE라는 기제뿐만 아니라) TRANSFER라는 기제의 작동 역시 국면 핵이 중추적인 역할을 담당한다고 주장하는 것인데, 이는 어쩌면 당연한 귀결이라 하겠다; 그도 그럴 듯이, 접합 층위로 전송되는 영역, 즉, TRANSFER의 대상이 되는 영역은 '국면 핵'의 보충어 영역이라 했으니, 해당 영역을 지정하기 위해서는 그 기준이 되는 국면 핵이 존재해야 할 것이기 때문이다. 따라서, 도출 과정에 국면 핵이 존재하지 않는다면, TRANSFER라는 작업 역시, 그 영역을 결정할 수 없으므로 실행될 수 없다. 그런데, Chomsky (2005, 2007)에서는 한 걸음 더 나아가 다음과 같은 주장을 한다.

(12) a. It is also natural to assume that [...] *all* [...] *operations* will [...] *apply at the phase level*, as determined by the [...] probe.
(Chomsky 2005: 9)

b. The simplest conclusion, then, seems to be that operations [...] *all apply at the phase level*. (Chomsky 2007: 17)

셋 보다는 둘, 둘보다는 하나, 이런 식으로 합치고 줄여 통합하려는 것이 곧 '최소주의 정신(Minimalist Spirit)'의 핵심이다.[85] 이에, (12a-b) 역시 그러한 최소주의의 추구에서 비롯되는 주장으로써, 그 말인 즉, (AGREE와 TRANSFER 뿐만 아니라) 통사부의 '모든' 운용[86]들은 (여기 저기, 이런 저런 '여러 다른' 요소들에 의해서가 아니라) 오로지 '국면 단계'에서 해당 '국면의 핵'에 의해서만 촉발된다는 것이다. 이러한 주장에 따라, C/v*라는 국면 핵들은 도출 과정에서 가장 핵심적인 요소로 부상하게 된다.

자, 이쯤이면, TRANSFER와 관련하여 이런 저런 의문들이 떠올랐을 법한데, 절을 바꿔 몇몇 주요 쟁점들과 그와 관련된 논의들을 살펴보도록 하자.

---

85 이와 같은 '통합'의 추구는 학문적 성숙도가 높은, 예를 들어, 물리학과 같은 학문에서는 당연지사로 여겨진다 - (예를 들어) '전기력'에 대한 설명과 또 '자기력'에 대한 (다른) 설명을 하나로 통합하여 단일 이론으로 설명해 내려 했던 것, 그 결과, '전자기력(Electromagnetism)' 이론을 구축해 냈던 것 또한 '최소주의'의 추구에서 비롯된 것이다. 하지만, 한 쪽에서는 너무나 당연한 것이 되어 논란으로 삼는다는 것이 되려 이상한 이 '최소주의'가, 다른 한 쪽에서는 끊이지 않는 논쟁거리가 된다 - 언어학과 언어학 연구가들의 (상대적으로) 열악한 학문적 역량을 여실히 보여주는 예라 하겠다.

86 '모든' 운용이라 함은, AGREE와 TRANSFER뿐만 아니라 제2장에서 살펴본 내부 병합(Internal Merge)과 3.7에서 다룰 '자질 상속(Feature Inheritance)'도 포함된다. 하지만, 외부 병합(External Merge; EM)은 '모든'에 포함되지 않는 단 하나의 예외다: 그도 그럴 듯이, EM을 예외로 두지 않는다면, {V, IA}와 같은 병합이 불가능해지기 때문이다. 이에 대한 대안으로 Shim (2014)를 참조하라.

3.4 TRANSFER의 쟁점들

TRANSFER와 관련하여 우선 간략하게 언급할 쟁점은, '외부 논항 (External Argument; EA)'과 TRANSFER 사이의 타이밍에 관한 것이다.

(13) a. {v*$_{[u\varphi]}$, {likes, Mary$_{[i\varphi]}$}}
     b. {EA, {v*$_{[u\varphi]}$, {likes, Mary$_{[i\varphi]}$}}}

보다시피, (13a,b)는 둘 모두 국면 핵 v*를 포함하고 있다. 이에, 던져볼 수 있는 의문은, 둘 중 과연 어느 단계에서 TRANSFER가 적용되는가 하는 것이다; 둘 모두 국면 핵을 포함하고 있으니, 원칙적으로는 어느 쪽이든 가능하겠지만, 연산적 효율성을 고려한다면, (13a) 단계에서 적용되어야 할 것이다; '지금' 할 수 있는 일을 (EA가 도입되는) 나중으로 '미룰' 이유가 없기 때문이다.[87] 뿐만 아니라, EA는 v*P 국면 단계에서 아무런 역할도 하지 않는 요소다.[88] 하지만, TRANSFER의 적용 시점이 EA 도입 '전'인가, 아니면, 그 '이후'인가 하는 질문이 '진정으로' 의미 있는 질문이 되려면, 그와 같은 타이밍의 차이가 (예를 들어) 특정 (언어) 현상을 설명하는데 유용할 수 있음을 함께 보여줘야 할 것인데, 애석하게도, 필

---

[87] 다른 관점도 가능하다. TRANSFER는 구조의 일부분을 접합 층위로 전송하는 생성의 '최종' 작업이다. 바꿔 말해, 다른 모든 통사 운용들은 TRANSFER '이전'에 적용되어야 한다는 것이다. 이에, EA의 도입이 v*가 보유하는 어떤 자질의 만족과 관련된 것이라면, 이 또한 운용일 것이니, TRANSFER는 EA 도입 '이후'에 적용되어야 할 것이다.

[88] 언급했듯이, 모든 통사 운용은 국면 핵에 의해 유발되고, 국면 핵이 관여할 수 있는 영역은 자신이 c-command 하는 영역으로 국한된다. 이에, EA는 국면 핵이 c-command 하는 영역 바깥에 위치함으로, 국면 내의 통사 운용과 무관한 것이다.

자가 아는 한, 관련된 연구가 미비한 실정이다.[89]

TRANSFER와 관련해 언급할 또 다른 쟁점은, 사실 (10)에서 이미 드러나 있었다. 다시 옮겨와 보자.

(14) a. CP = {C, {$_{TP}$ John$_{[i\varphi]}$ ...}}   ← TRANSFER   (= 10d)
    b. CP = {C}   (= 10e)

(14a)의 (국면) CP 단계에서 TRANSFER가 적용되고 나면, (14b)에서와 같이, TP는 접합 층위로 전송되고, 통사부에는 국면 핵 C만 남게 된다. 자, 그렇다면, 통사부에 홀로 남게 되는 이 C는 언제, 또, 어떻게 접합 층위로 전달되는 것일까? 그도 그럴 듯이, '모든' 통사체는 (종국에는) 접합 층위로 전달이 되어야 한다; 그래야만, 상응하는 '음성'과 '의미' 해석을 받을 수 있기 때문이다. 그런데, 그런 접합 층위로의 전달 역할을 담당하는 TRANSFER란 기제는 국면 핵이 있어야 작동이 가능하고, 그 국면 핵이 지정하는 그 '보충어 영역'만 타겟으로 삼는다. 자, (14b)를 다시 살펴보자 ─ (14a)에서 TRANSFER 적용되고, 이후 홀로 남게 되는 C가 접합 층위로 전달되려면, 이 C는 (또 다른) 국면 핵의 '보충어 영역'에 속해 있어야 한다. 그런데 보다시피, '또 다른' 국면 핵은 존재하지 않는다; C로써 해당 문장은 생성이 완료되기 때문이다. 그렇다면, 접합 층위로 전달되지 못하는 이 C는 '음성'과 '의미' 해석을 받지 못하게 되는 것일까?

---

89 그나마 관련 있는 연구로 Nakanishi (2015)를 참조하라.

생성의 최종 단계에서 (접합 층위로 전송되지 못하고 통사부에) 잔류하게 되는 모문의 C[90]와 관련하여 (그리 많지는 않지만) 이런 저런 연구들이 있어 왔는데 (Groat 2015, Mizuguchi 2014, Obata 2010), 각 주장들의 세부적인 차이를 차치한다면, 해당 연구들의 공통된 요지는 대략 다음과 같다 - TRANSFER는 기존의 정의와 같이 국면의 '일부' 영역을 타겟으로 하여 접합 층위로 전송하는 것이 아니라, 국면 '전체'를 타겟으로 한다; 예를 들어, (14a)의 경우, TRANSFER가 타겟으로 하는 영역은 (국면 핵의 보충어 영역인) TP가 아니라, CP 국면 '전체'라는 것이다. 'Total Transfer', 또는, 'Full Transfer'로 불리는 이와 같은 제안들은, 사뭇 당연한 의문을 불러일으킨다.

(15) a. v*P = {EA, {v*, {V, IA}}} ← Full Transfer
     b. ∅

(14a)에서와 같은 (모문의) CP는 그 '전체'를 전송시키더라도 별다른 문제가 발생하지 않는다; 말 그대로, 해당 CP가 생성의 최종 단계이기 때문이다. 하지만, (15a)의 v*P와 같은 생성 '중간' 단계의 국면의 경우, 그 '전체'를 전송시켜 버리면 (15b)에서와 같이 통사부에는 아무 것도 남지 않게 되고, 그 결과, 이후 생성에 문제가 발생한다; 그도 그럴 듯이, v*P 국면 이후에 도입되는 T의 경우, 병합의 상대가 존재하지 않는 상황이 되기 때문이다. 요인 즉, 국면

---

90 Spec-CP에 'what'과 같은 (이동한) 의문사가 있을 경우, 이 또한 TRANSFER 되지 못하고 (C와 함께) 통사부에 잔류하게 된다.

'전체'의 전송을 주장하게 되면, '하고 많은 영역들 중에, 왜 하필이면 보충어 영역인가'하는 작위성의 문제에서는 자유로울 수 있는 반면, 이후 생성의 문제에 대해 어떤 식으로든 해결책을 제시해야 하는 부담이 생긴다는 것이다.

TRANSFER와 관련해 언급할 또 다른 쟁점은, TRANSFER와 '국면 불가침 조건(Phase Impenetrability Condition; PIC)'의 상관 관계에 관련된 것이다. 우선 PIC의 정의부터 살펴보자 (PH = Phase; H = Phase Head; Domain = β; Edge = α and H).

(16) Phase Impenetrability Condition (PIC)

In PH = [α [H β]], the domain of H is not accessible to operations, but only the edge of HP. (Chomsky 2004a: 108)

(17) [X [$_{PH}$ YP H ZP]]

(16)의 내용인 즉, 국면 핵의 보충어 영역은 해당 국면 너머에 있는 요소의 운용으로부터 접근이 제한된다는 것이다; 즉, (17)과 같은 구조의 경우, X에 의해 촉발되는 운용은 YP와 H에는 접근이 가능하지만, ZP에는 접근할 수 없다는 것이다.[91] 자, 그렇다면, 이제

---

91 PIC에는 약간의 차이가 나는 두 가지 버전이 있다 (Z, H = Phase head; W = Non Phase head)

(i) [ZP Z X [HP YP H WP]]

PIC 버전 1에 의하면, (i)과 같은 구조의 경우, 상위 국면에 있는 모든 요소, 즉, Z와 X, 둘 모두 WP에 접근할 수 없다. 하지만, 또 다른 버전에 의하면, (국면 핵이 아닌) X는 WP에 접근할 수 있지만, (국면 핵인) Z는 WP에 접근할 수 없다. 보다 상세한 논의는 Chomsky (2000, 2001)을 참조하라.

(18)을 한번 살펴보자.

(18) a. v*P = {XP, {v*, {V, YP}}} ← TRANSFER
     b. v*P = {XP, {v}}

TRANSFER가 하는 일은, (18)에서와 같이, 특정 영역, 즉, 국면 핵의 보충어 영역을 떼어내어 접합 층위로 전송하는 것이다. 말인 즉, TRANSFER가 적용되고 나면, 국면 핵의 보충어 영역은 통사부에 존재하지 않게 된다는 것이다. 자, 그렇다면, PIC가 규제하는 것은 무엇이던가? - 사실, 이 또한 '동일' 영역, 즉, 보충어 영역에 대한 (더 이상의) 접근을 차단하는 것이다. 그런데 생각을 좀 해보자 - 국면 핵의 '보충어 영역'은 TRANSFER에 의해 통사부에서 사라지는, 혹은, 제거되는 영역이다. 그런데, 이렇게 통사부로부터 제거된 영역, 따라서, 접근을 할래야 애초에 할 수도 없는 영역에 대해, PIC라는 조건을 여분으로 만들어, 반복적으로 접근을 금지시킬 이유와 필요가 과연 있을까? 말인 즉, TRANSFER가 하는 일과 PIC가 말하는 내용에 중복성(redundancy)이 존재한다는 것이다. 자, 그렇다면, TRANSFER와 PIC 둘 중, 어느 한 쪽은 잉여일 수 있다는 말이 되는 것인데, 과연 어느 쪽이 잉여일까? 필자가 아는 한, 이와 관련된 연구는 아직 나와 있지 않은 상태다. 따라서, 잉여성에 대한 해답은 독자의 상상, 혹은, 연구 대상으로 남기고, TRANSFER와 관련된 또 다른 쟁점을 살펴보도록 하겠다.

앞서 3.1에서 살펴보았듯이, 어휘 항목이 보유한 자질들 중, (순수) 음성 자질들은 '오직' SM 접합 층위에서만 해석될 수 있고, 또,

(순수) 의미 자질들은 '오직' CI 접합 층위에서만 해석이 가능하다; 바꿔 말해, 음성 자질과 의미 자질들은 그 해석성에 있어 일종의 비대칭성(Asymmetry)이 있다는 말인데, 자, 그렇다면, 각 자질들을 해석 가능한 적재적소의 접합 층위로 전달하는 그 원리는 무엇일까 하는 의문이 들 수 있을 것이다. 이에, 접합 층위로의 전달을 담당하는 기제가 TRANSFER이니, 그 원리 또한 TRANSFER에서 발견할 수 있을 것이라는 추론이 가능하다.

TRANSFER라는 기제가 자질들의 해석성에 따라 접합 층위별로 제대로 된 전송을 하려면, 우선, (순수) 음성 자질과 (순수) 의미 자질을 구분할 수 있는 능력을 갖추고 있어야 할 것이다; 그래야만, 음성 자질은 SM으로(만), 의미 자질은 CI로(만) 나누어 전송할 수 있을 것이기 때문이다 – 그렇다고 가정하자; 자질 F_s는 SM으로 보내야 할 '음성' 자질이요, 자질 F_c는 CI로 보내야 할 '의미' 자질임을 TRANSFER가 구분할 수 있다고 가정하자. 자, 여기서 문제가 등장한다.

TRANSFER는 어휘 항목이 보유한 자질들 중에, '음성' 자질과 '의미' 자질을 구분할 수 있는 능력을 갖추었다 (가정)했다. 그렇다면, 어휘 항목이 보유한 자질들 중에, 음성 자질도, 의미 자질도 아닌, 그럼에도, SM 또는 CI에서 필요로 하는, 따라서, 해당 접합 층위로 전송을 시켜야만 하는 그런 자질들이 있다면 어떻게 될까? 바로, 국면 핵 C/v*가 보유한 φ-자질이 그 전형적인 예라 하겠다. 이 φ-자질은 CI에서는 비해석성지만, SM에서는 해석성임을 살펴보았었다.[92] 따라서, 이와 같은 φ-자질은 CI로는 전송되어서는 안 될

---

92 물론, 국면 핵이 보유한 φ-자질의 SM 해석성은 언어에 따라 또 달라질 수 있다.

것이고, SM으로는 반드시 전송이 되어야 할 것이다. 자, 그러면, 이런 질문이 가능하다 – TRANSFER는 또 '어떻게' 알고, 이 φ-자질을 SM으로만 전송시킬 수 있는 것일까?

앞서 가정에 의하면, TRANSFER가 구분할 수 있는 자질은 '음성' 자질과 '의미' 자질뿐이다. 하지만, 국면 핵이 보유한 φ-자질은 그 어느 쪽도 아닌, '형식/통사' 자질이다. 물론, 이렇게 응수할 수도 있을 것이다 – SM에서 해석할 수 있는 자질이 곧 음성 자질이 아닌가. 따라서, 국면 핵의 φ-자질 역시 SM에서 해석이 가능한 것이라면, 그 또한 음성 자질, 적어도, 음성 자질의 한 유형인 것이 아니냐, 라고. 말은 맞는 말이다. 하지만, 뭔가 석연치 않은 구석이 여전히 남는다; 그도 그럴 듯이, [+bilabial]과 같은 자질은 논란의 여지없는 분명한 (순수) 음성 자질이다; SM, 즉, '감각–운동' 접합층위라는 그 이름이 암시하듯, [+bilabial]이라는 자질은 '두 입술을 사용하라'는 감각–운동과 (직접적으로) 관련된 지시사항임이 분명하기 때문이다. 그렇다면 (예를 들어) '단수(singular)'라는 φ-자질은 도대체 어떤 감각–운동과 관련된 지시사항인가? 여기에, AGREE까지 고려하게 되면, 국면 핵이 보유한 φ-자질은 문제가 한층 더 복잡해진다.

(19) a. $C_{[u\varphi[\ ]]}$ 'probing' $\longrightarrow$ $John_{[i\varphi[3]]}$

   b. $C_{[u\varphi[3]]}$ $\longleftarrow$ AGREE $\longrightarrow$ $John_{[i\varphi[3]]}$

(국면 핵) C의 φ-자질은 (19a)에서처럼, 그 값이 명시되지 않은

따라서, 본문의 논의는 SM 해석성인 언어들을 전제로 이어가겠다.

상태로 도입된다. 따라서, (적어도 이때까지는) 통사부는 이 φ-자질을 '비해석성'으로 인식할 것이다; 앞서 언급했듯이, 통사부는 자질 값의 명시 상태에 따라 해석성 자질과 비해석성 자질을 구분하기 때문이다. 자, 그런데 문제는, C의 φ-자질이 (추후) AGREE를 통해 (19b)에서와 같이 그 값이 매겨진다는 것이다. (일단) 값이 매겨지게 되면, 통사부는 해당 자질을 '해석성' 자질로 인식할 수밖에 된다. 하지만, 값이 매겨졌다 하더라도, C의 φ-자질은 (SM에서만 해석성이지) CI에서는 여전히 해석을 받지 못하는 자질이요, 따라서, CI로는 전달되지 말아야 하는 'CI-비해석성' 자질이다. 자, 그렇다면, TRANSFER는 값이 매겨진 '해석성' 자질을, 따라서, 자신의 눈엔 그저 '해석성'일 뿐인 그런 자질을, 도대체 '어찌 알고', SM으로는 ('해석성' 자질인냥) 전송을 하며, 또 CI로는 ('비해석성' 자질임을 알아) 전송을 하지 않을 수 있는 것일까?[93]

질문과 의문만 많을 뿐, 그에 대한 이렇다 할 (구체적인) 대답들은 아직 찾아보기 힘들다. 해서, 아쉬움을 남긴 채로, TRANSFER와 관련되어 언급할 마지막 쟁점으로 넘어 가도록 하자.

TRANSFER와 관련해 언급할 마지막 쟁점은 그 논의 과정에서 TRANSFER의 본질에 수정이 가해지는 결과로까지 이어진 것인데, 우선, 논쟁의 시발탄이라 할 수 있는 Obata (2010: 171)의 지적부터 살펴보자:

---

[93] 해당 국면 '내'에서만큼은 자질 값의 명시 변화를 감지하고 또 기억할 수 있다고 가정해 볼 수도 있을 것이다. 하지만, 이런 가정의 경우에도, SM과 CI로의 비대칭적 전송은 여전히 문제가 된다. 관련하여, Epstein et al. (2008)을 참조하라.

(20) a. Mary believed the claim [CP that [TP John bought the book]].

   b. Whose claim [CP that [TP John bought the book]] did Mary believe?

(20b)는 (20a)로부터 도출되는 의문문이다. 눈여겨 볼 것은, (내포절) TP = [John bought the book]이 '음성화'되는 위치가 문두의 Spec–CP, 바꿔 말해, 이 TP가 SM으로 전송된 시점이 상위절의 CP 단계임을 암시하는데, 이게 왜 눈을 여기면서까지 보아야 할 문제인지, (20a)를 좀 더 구체적으로 살펴보도록 하자.

도출 과정에서 TP = [John bought the book]을 포함하는 (내포절) 국면 CP가 완성되고 나면, 그 보충어 영역인 TP, 즉, [John bought the book]은 TRANSFER에 의해 각각의 접합 층위로 전송되고, 그 결과 통사부에는 아래와 같은 구조가 남게 된다 (논의의 편의를 위해, CP 아래 v*P 국면의 TRANSFER는 논외로 한다):

(21) [NP the(=whose) claim [CP that [__]]]

이어지는 도출을 통해, (21)의 NP가 (문두의) Spec–CP로 이동하게 되면, 통사부에서는 (22)와 같은 구조가 생성된다.

(22) *[NP whose claim [CP that [__] did Mary believe [NP _____]]].

문제점이 보이는가? (21)에서 알 수 있듯이, TP = [John bought the book]은 '목적어' 위치에 있을 때, TRANSFER에 의해 (이미)

접합 층위로 전송이 완료된 상태요, 따라서, SM으로 전송이 이루어진 상태다. 무슨 말인고 하니, (i) 해당 TP는 NP = [whose claim ...]이 문두의 Spec-CP로 이동할 때 함께 딸려갈 수 없고, (ii) TP의 음성화(Spell-Out) 역시, 이동한 NP와 함께 (모문의) Spec-CP 자리에서 이루어질 수 없다는 것이다. 그 결과, (22)와 같은 비문이 생성된다. 하지만, TRANSFER에 의한 접합 층위로의 전송이 국면 단위로 실행된다는 가정 하에서는, (20b)와 같이 [$_{TP}$ John bought the book]이 (TRANSFER 되지 않고) [$_{NP}$ whose claim that]이 이동할 때 '함께' 이동하여, 결국 (모문의) Spec-CP 위치에서 음성화 되는 구조의 생성이 불가능하다.

이에, Chomsky et al. (2019: 241)은 Obata (2010)의 지적을 수용하여, TRANSFER의 정의를 아래 (23)과 같이 수정하게 된다 (β는 TRANSFER 된 영역).

(23) **A common assumption [...] that TRANSFER [...]** *eliminates* **structure [...] from the derivation. [...]** <u>no structure is eliminated, which renders β inaccessible to subsequent manipulation.</u>

내용인 즉, TRANSFER의 대상이 되는 영역, 즉, 국면 핵의 보충어 영역은 해당 국면 단계에서 각각의 접합 층위로 전송되어 통사부로부터 '제거'되는 것이 아니라, 통사부에 그대로 남아 있되, 다만, 이후의 통사 운용으로부터 접근이 차단될 뿐이라는 것이다 (기존의 TRANSFER를 '제거/전송' 버전이라 부르고, 수정된 TRANSFER를 '봉쇄(close-off)' 버전이라 불러보자).[94] 자, 그럼 이제, 이와 같은

'봉쇄' 버전의 TRANSFER를 (20a)에 적용시켜 보자 ('제거/전송' 버전의 TRANSFER와 구분하기 위해, '봉쇄'되는 영역은 음영을 입혀 표시했다).

(24) a. [NP the(=whose) claim [CP that [TP John bought the book]]]
   b. [NP whose claim [CP that [TP John bought the book]]]
      did Mary believe?

(24a)에서 TP = [John bought the book]의 '봉쇄'는 ('제거/전송' 버전의 TRANSFER에서와 마찬가지로) 내포절 국면 CP가 완성되는 시점에서 발생한다. 하지만, 적용된 TRANSFER는 '봉쇄'만 할 뿐이므로, TP는 여전히 통사부에 남아 있게 된다. 그 결과, (TP를 포함하는) NP = [whose claim ...]이 문두의 Spec-CP로 이동할 때 동반 이동하는 것이 가능하고, 그 결과, 우리가 원했던 (24b)와 같은 구조의 생성이 가능해진다.

   자, 그렇다면, '제거/전송' 버전의 TRANSFER를 '봉쇄' 버전으로 수정함으로써, TRANSFER와 관련된 문제들 또한 모두 해결되는 것일까? 수이 짐작할 수 있듯, 그 대답은 부정적이다 - 거의 언제나 그러하듯, '새로운' 주장은 (거의 예외 없이) '새로운' 문제점들을 야기하기 때문이다.[95] 자, 그럼, '제거/전송'에서 '봉쇄'로의 수정

---

94 수정된 TRANSFER는 사실, (앞서 다루었던) PIC의 내용과 정확히 일치한다.
95 살펴보고 있는 TRANSFER뿐만 아니라, 생성 문법에 존재하는 거의 모든 기제들은 끊임없는 변화와 수정의 결과물이며, 그와 같은 변화와 수정은 현 시점에서도 여전히 진행형이다. 이에, 그러한 (잦은) 변화를 '불완전성', 혹은, '불안정성'으로 보아, 최소주의를 비난하는 근거로 애용하는 이들이 종종 있는데, 그들의 말인 즉, '심심하면 바꾸고, 심심하면 또 바꾼다'는 것이다. 반론하자 - '심심하면' 바꾸는 것이 아니

으로 인해 발생하게 되는 '새로운' 문제점들을 또 짚어 보도록 하자.

'제거/전송' 역할을 수행하던 기존의 TRANSFER를 '봉쇄' 버전으로 수정하게 된 가장 큰 이유는, (너무 일찍) 전송이 될 경우, 생성이 불가능해지는 (20b)와 같은 구문을 다루기 위해서였다; 바꿔 말해, (20b)와 같은 구문을 제대로 생성해내기 위해, TRANSFER가 수행하는 일을 '제거/전송'에서 '봉쇄'로 수정하게 되었다는 것이다. 자, 그렇다면, 당연히 드는 의문은, '그럼, (접합 층위로의) 전송은 (이제) 어떤 기제가 담당하는가?'가 될 것이다; TRANSFER가 수행하는 일은 이제 '전송'이 아니라 '봉쇄'이니,96 전송 작업을 수행할 다른 기제가 요구되는 것이다. 허나, 문제는 그것만이 아니다 — (25)를 보자.

(25) a. believe [NP whose claim that [TP John bought the book]]
  b. v*P = [[NP whose claim that [TP John bought the book]]
    Mary believe [NP whose claim that [TP John bought the book]]]

라, 바꿀만한 타당한 이유와 근거가 있어 바꾸는 것이고, 바꿔야 하는 문제들이 있기 때문에 바꾸는 것이다. 아울러, 이와 같은 변화와 수정은 유독 생성 문법에서만 특별하고 기이한 현상이 아니라, 존재하는 모든 학문에서 발견되는 공통된 현상이요, 학문은, 다름 아닌, 그와 같은 꾸준한 '변화'를 통해 이루어지는 것이다. 존재하는 학문들 중에 '완성된' (따라서 변하지 않는) 학문은 없다. 생각해 보라 - 설명하고자 하는 '모든' 것이 '완전하게' 설명이 되었다면, 그 학문이 존재해야 할 이유가 무엇인가? 그 날은 바로 그 학문의 장례식이 치러지는 날이 아니겠는가? 따라서, 학문하는 의의는 종착점에 있는 것이 아니라, 그 종착점을 향해 나아가는 '과정'에 있는 것이다 - 완전한 설명에 가까워지기 위한 '끊임없는 재해석의 과정', 그 '과정'이 바로 학문인 것이다.

96 이렇게 '봉쇄' 역할을 하는 기제를 일러 (계속) '전이(TRANSFER)'라 부를 수 있는지도 의문이다.

c. CP = [whose claim that [TP John bought the book]] did Mary
[[NP whose claim that [TP John bought the book]] Mary
believe [NP whose claim that [TP John bought the book]]]

(25)의 TP의 경우, TRANSFER가 적용되어 최초로 봉쇄되는 시점은 (25a)에서와 같이, 원래 위치, 즉, 목적어 위치에 있을 때다. 이후, TP는 ('whose claim'이 이동할 때 함께) 국면 v*P의 외곽 지정어(Outer-Spec) 자리로 동반 이동을 하게 되고, 이어, (25c)에서처럼, (상위의) CP 국면에서 Spec-CP로 또 한 번 이동을 하게 된다. 그 결과, TP는 도합 세 군데(의 다른) 위치에 등장하게 된다. 그런데, 그 세 위치들 가운데, TP의 음성화가 이루어지는 위치, 즉, SM 접합 층위로의 전송이 실행되어야 하는 위치는 '최종' 위치인 Spec-CP가 된다. 자, 그렇다면, 자연스레 생기는 의문은, '접합 층위로의 전송 시점을 결정하는 요인 혹은 그 기준은 무엇인가'하는 것이다.[97] 만약 접합 층위로의 전송 시점이 일률적으로 도출의 '최종' 단계, 즉, 문장의 전체 구조가 완료되는 시점이라면, '국면 단위'로 적용되는 TRANSFER라는 기제는 접합 층위로의 전송을 담당하는 기제와 더더욱 별개일 수밖에 없을 것이다.

많은 의문들의 (거의) 대부분이 그냥 의문으로만 남게 되었다. 해서, 뭔가 많이 찝찝하겠지만, TRANSFER에 대한 이야기는 이 정도로 마치고, 다시 '국면'에 대한 이야기로 돌아가 보자.

---

[97] 사실, 어휘의 '음성화'의 시점, 혹은, SM으로의 전송 시점과 관련된 문제는 '봉쇄' 버전의 TRANSFER에 국한되는 것도, '봉쇄' 버전이라서 제기되는 것도 아니다. 예를 들어, 기존의 제거/전송 버전의 TRANSFER를 가정하더라도, 'what do you like what?'과 같은 문장을 고려할 경우, 음성화 시점과 관련된 문제는 공히 발생한다.

3.5 국면의 형상

Chomsky (2001 et seq.)는 Halle and Marantz (1993)로부터 시작된 '분산 형태론(Distributed Morphology)'의 제안들을 수용하여, 국면 v*P에 대해 (26b)와 같은 구조를 제안한다.

(26) a. {v*, {V, XP}}
　　 b. {v*, {R, XP}}

보다 익숙할법한 (26a)와 (덜 익숙할 수 있을) (26b)를 살펴보면, 전자의 V가 후자에서는 R로 표기됨을 알 수 있다.[98] 이 R은, 동사 (V), 명사(N) 등과 같은 실질적 어휘 내용을 가지는 '실질 범주 (Substantive Category)'들의 '어근(Root)'을 가리키는 표기다. 이에, 분산 형태론에서의 관련 논의와 제안들에 의하면, 실질 범주들의 경우에는 그 '범주' 자질의 값이 명시되지 않은 채로 통사부에 도입되고, 추후, 통사부의 도출 과정에서 v*와 같은 '범주 결정소 (categorizer)'라 일컬어지는 기능 범주와 연계됨으로써 자신의 범주 값이 결정된다는 것이다. 간단한 예를 들어 보자면 (27)과 같다 ('어근(Root)'의 표기에는 주로 두 가지 방법이 사용된다 ― (i)

---

98 R과 관련된 논의는 Chomsky (2001)부터 있었지만, R이라는 표기가 본격적으로 사용되기 시작한 것은 그보다 한참 후인 Chomsky (2015a)에서부터다. 관련해서 웃픈 현상을 하나 말하자면, Chomsky (2015a)에서 R 표기가 (본격적으로) 등장한 이후, 너도 나도 (V라 하지 않고) R로 따라 표기하기 시작했다는 것이요, 또 덩달아 Distributed Morphology라는 표현을 끼워넣기 시작했다는 것이다. 이게 왜 웃프기까지 한 현상이냐면, R과 관련된 분산 형태론의 논의들은 알지도, 알아보려고도 하지 않은 채, Chomsky 교수가 R을 사용하니, 말 그대로, '따라서' 사용한 이들이 상당수이기 때문이다. 바로 이런 '따라쟁이꾼'들이 생성문법에 대한 곱지 않은 시선 창조에 일조를 담당한다 하겠다.

R(=grow), 또는, (ii) √GROW; 이하, 문맥에 따라 번갈아 표기하겠다).

(27) a. v*- √GROW ➡ V = 'grow'
  b. n*- √GROW ➡ N = 'growth'

(27a)에서와 같이, 도출 과정에서 어근 R이 '동사'적 성격의 범주 결정소, 즉, v*와 결합하게 되면, 어근 √GROW 의 범주 자질 값은 '동사(V)'로 명시되(어, 추후 'grow'로 음성화 되)고, 반면, '명사'적 성격의 범주 결정소, 즉, n*와 연계되면, 그 범주의 자질 값 또한 '명사(N)'로 명시되(어, 추후 'growth'로 음성화 되)는 것이다. 해서, Chomsky (2001: 14)에서는 다음과 같이 말하고 있다.

(28) If categorial features are removed from roots, [...] phases are configurations of the form F-XP, where XP is a substantive root projection, its category determined by the functional element F that selects it.

말인 즉, 국면 v*P의 형상은 (종래의 {v*, {V, XP}}가 아니라) {v*, {R, XP}}라는 것이다. 그런데, Chomsky (2013: 46)에서는 (28)과는 조금 다른 언급을 하고 있다 (이탤릭은 원문 그대로; v* 와 v의 차이는 논외로).

(29) [...] perhaps *n-root*, where the root is ambiguous as to category and n, v and other functional elements determine category. [...] the object of a verb is actually the object of {v, R}[.]

(28)과 (29)를 비교해 보면, 국면 v*P의 형상에 대한 미묘한, 하지만, 꽤 의미심장한 입장 차이를 발견할 수 있다 (아래 f는 functional category).

(30) a. f-RP   (Chomsky 2001)
    b. f-R   (Chomsky 2013)

Chomsky (2001)에서의 주장, 즉 (30a)의 경우, 목적어(XP)는 R의 보충어로써 RP 내부에 위치한다; 바꿔 말해, 목적어는 R과 먼저 결합하여 {R, XP}를 이루고, 그 다음 v*가 결합되어 {v*, {R, XP}} 구조가 된다는 것이다. 하지만, Chomsky (2013)에서의 주장, 즉, (30b)에 의하면, 목적어는 R의 보충어가 아니라 {v*, R}의 보충어다 - 바꿔 말해, v*와 R의 결합이 먼저 이루어지고, 그 결과물인 {v*, R}에 목적어가 결합된다는 것이다. 이런 차이를 반영해서 (30)을 아래 (31)과 같이 표기해 보면, 두 입장의 차이가 좀 더 분명하게 드러난다.

(31) a. {v*, {R, XP}}   (Chomsky 2001)
    b. {{v*, R}, XP}   (Chomsky 2013)

관련된 Chomsky (2013: 47)의 또 다른 언급을 보자 (이탤릭은 원문 그대로, bold체는 필자가):

(32) [...] head-head constructions, **the first step in a derivation** [...] will be of the form *f-root*, where *f* is one of the functional elements determining category.

내용인 즉, v*와 R의 병합, 즉, {v*, R}의 생성이 도출 단계의 출발점이라는 것인데, v*와 R의 결합이 집합 병합(set-Merge)이 아닌 쌍-병합(pair-Merge)이라는 점을 고려한다면, 생성의 첫 단계는 v*와 R의 쌍-병합, 즉, <v*, R>이 되어, (31b)는 (33)과 같은 형상이 될 것이다.

(33) {<v*, R>, XP}[99]

언급한 내용들에 더불어, Chomsky (2019)에서는 또 하나의 의미심장한 제안을 하고 있는데, 그 내용인 즉, 지금까지 별 이견 없이 '국면의 핵'으로 간주해 오던 v*(와 C)가, 사실은 어근(Root)의 범주를 결정하는 '범주 결정소(Categorizer)'일 뿐이요, 따라서, 국면과는 무관한 요소일 가능성이 농후하다는 것이다. 이에, 국면(임)을 표시하는 '국면 표지(Phase Marker)'와 관련된 요소는 따로 있을 가능성을 언급하는데, 만약 그렇다면, 국면의 형상은 또 (34)와 같을 수도 있을 것이다 ('Φ'는 국면 표지에 대한 필자의 임의 표기).

---

[99] 이는 EKS (2016)과 Shim (2020)의 주장과 유사하다.

(34) {Φ, {<v*, R>, XP}}   (cf. 30b/32)

Chomsky 교수의 여느 제안들이 대개 그러하듯, 상기 언급한 내용들 역시, 깎고 다듬어야 할 부분이 많은 원석(原石)들이다. 하지만, 깎고 다듬어 구체화 시킨다면, 문장 구조의 뼈대에 제법 큰 변화를 가져올 제안들임에는 분명하다.[100]

3.6 명사구의 형상

이번 절에서 다룰 명사구의 구조와 관련된 논의는 사실 '국면'과 직접적인 연관성은 (거의) 없다. 다만, 국면의 형상과 관련하여 앞 절에서 다루었던 여러 내용들과 이래저래 연결되는 측면이 있어, 구성상 다소 어색할 수 있음을 무릅쓰고 이 장에 포함시켜 논의한다.

　　Abney (1987) 이후, 어림잡아 지난 30여 년간, '명사구'의 핵은 N이 아닌 D, 즉, 전통적으로 명사구라 불렀던 것을 '한정사구(DP)'로 간주하는 관점이 지배적이었다.[101] 하지만, 명사구 구조와 관련된 Chomsky 교수의 근래 언급/제안들을 살펴보면, 이 또한 변화의 조짐이 적잖이 보인다. 관련된 내용들을 시대 순으로 한번 살펴보자.

---

100 R과 결합되는 국면 핵 v*와 달리, 또 다른 국면 핵 C의 경우에는 관련된 R이 없다. 이에, C와 결합하는 T의 정체 혹은 본질을 어떻게 볼 것인가가 또 다른 쟁점이 될 수 있다. 관련하여 Gallego (2014)를 참조하라.
101 명사구 구조와 관련된 다른 제안들 중 대표적으로 (Bittner and Hale 1996의) KP 분석을 들 수 있다.

(35) a. Consider first indefinite nominals, lacking D [...] Assuming that the basic structure *corresponds to verbal phrases, the head will be n* with the complement [X (YP)] (X perhaps an undifferentiated root [...] X raises to n[.]

b. for definite nominal phrases, the head is now n* (analogous to v*) with the complement [X (YP)]. In this case X = D. D inherits the features of n*, so YP raises to its SPEC, and D raises to n*, exactly parallel to v*P. [...] a *nominal phrase headed by n*, not a determiner phrase headed by D.*

(Chomsky 2007: 25-26)

종래의 (지배적인) 관점에 의하면, 'boys'와 같은 비한정 (indefinite) 명사구도, 한정(definite) 명사구인 'the boy'도, 그 핵 은 공히 D, 따라서, 둘 모두 DP로 간주하여, 전자는 {D_{null}, NP(=boys)}, 후자는 {D(=the), NP(=boy)}와 같이 분석되었다. 하지만, (35)에서의 주장을 받아들인다면, 전자는 nP요, 후자는 n*P로써, 각각의 내부 구조는 대략 아래와 같을 것이다.[102]

(36) a. 'boys' = {n, {R, YP[103]}} ➡ {[R-n], {R, YP}}
  b. 'the boy' = {n*, {D(=the), {R, YP}}}
          ➡ {[D-n*], {YP, {D(=the), {R, YP}}}

(36a)에서 또 하나 눈여겨 볼 점은, 앞서 국면에서의 논의와 마찬 가지로, (기존의) 명사(N)를 범주 정보가 명시되지 않은 R로 본다

---

102 n과 n*은 각각, (비대격 구문의) v와 (타동 구문의) v*에 상응한다.
103 'authors of the book'과 같은 구조에서 'of the book'이 YP에 해당할 것이 고, 이러한 YP가 없는 경우에는 {n, R}의 구조로 짐작된다.

는 것이다.[104] 그런데, Chomsky (2013: 46)에서는 (36b)와 관련
하여 조금 엇갈린 언급을 하고 있다.

(37) [...] proper nouns could be of the form {D, {n, R}}.

(36b)와 비교할 때, (37)에서는 n과 D의 위계가 뒤바뀌어 있다.[105]
하지만, Chomsky et al. (2019)에서는 둘의 위계를 아래 (38)에서
와 같이 또 원상 복귀시키고 있다.[106]

(38) [...] nominal [...] headed by a nominalizer n, analogous to v as
    the head of the verb phrase, with *D, where present, occupying
    some lower position.*

이상, 명사구의 (내부) 구조와 관련하여 간략하게 살펴본 Chomsky
교수의 언급/제안들의 핵심인 즉, 명사구의 핵은 D가 아니라 n(*)
일 가능성이 농후하다는 것이다; 따라서, '명사구'는 이름 그대로
다시 '명사(n)구'가 되는 셈인데, 이와 같은 재해석의 이면에는 명

---

104 관련하여, Chomsky (2007: 26)에서는 또 다음과 같은 언급을 하고 있다.

> [...] structural Case is on n*, not D or N (hence presumably also on
> n) [...]

즉, Case feature의 소유주는 n* 또는 n이라는 것이다.
105 예리한 독자라면, (36b)의 n*이 (37)에서는 n으로 표기된 것을 눈치 챘을 것이
다. 하지만 (필자의 생각으로) 문맥상 혼돈이 없거나, 둘의 구분이 중요하지 않은 문
맥에서, n*와 v*를 각각, n과 v로 종종 표기하는 Chomsky 교수의 (불친절한?) 버
릇에서 비롯된 게 아닌가 싶다.
106 어근(R)과 범주 결정소의 인접성을 고려한다면, 그 위계 순서는 [D-n*-R]이 되
어야 하지 않나 싶다.

사구의 구조를 v*P의 구조와 동일하게 만들어 '일률성 (Uniformity)'을 추구하고자 하는 Chomsky 교수의 장기 혹은 취향이 다분히 녹아있는 것으로 보인다; 즉, 명사구도 만약 '국면'이라면, 그 형상과 그 내부의 운용들 역시, 기존의 국면, 예를 들어 'v*P'와 동일하게 만들고 싶은 것이다.[107]

3.7 일치 자질과 자질 상속

Chomsky (2005, 2007)에서는 통사부의 운용으로 '자질 상속 (Feature Inheritance; FI)'이라는 (새로운) 기제를 제안하는데, 그 내용인 즉, 국면 핵 C/v*가 보유한 (비해석성) φ-자질이 도출 과정 중에 자신의 보충어 핵으로 전달된다는 것이다.

(39) $C_{[u\varphi]}$ ... T ← FI ⟹ $C_{[u\varphi]}$ ... $T_{[u\varphi]}$

이어, Richards (2007)는 Chomsky 교수의 주장, 즉, 국면 핵이 보유한 (비해석성) φ-자질이 제자리에 남아 있지 않고 자신의 보충어 핵으로 전달된다는 주장에 대해, 값 매김(Valuation)과 전이 (Transfer)의 상호작용을 통해 그렇게 될 수밖에 없음을 논거함으로써, FI라는 기제의 존재적 타당성에 힘을 실어주기까지 한다. 하지만, 역시, 새로운 기제는 새로운 쟁점들을 등장시킨다.

---

107 사실, (명사구 구조에 대한) DP 분석 역시, 그 이면에는 (또 다른 국면인) CP 구조와의 통일성 추구라는 목적이 있었다. 명사구는 국면이 아니라는 Chomsky 교수의 주장에 대해서는 각주 83을 참조하라.

우선, FI가 실행된 후, C/v*에 있(었)던 (원래의) φ-자질은 어떻게 되는가 하는 의문이 생길 수 있다 - '상속(inheritance)'이라는 단어의 의미를 글자 그대로 받아들인다면, FI가 실행되고 나면, 그 원래 자리, 즉, C/v*에 있던 (원래의) φ-자질은 사라져야 할 것이다. 하지만 아래 (40)의 West Flemish와 같이, T뿐만 아니라, C에도 공히 φ-자질이 (음성적으로) 실현되는 언어들이 있는데,[108] 이에 Chomsky (2013: fn. 47)에서는 (41)과 같은 주석을 달고 있다.:

(40) **West Flemish** (Haegeman & Danckaert 2013)
    a. 'k peinzen da-n   die   venten Marie kenn-en
       I   think   that.**PL** those men   Marie know.**PL**
      'I think that those men know Marie.'
    b. 'k peinzen da   dienen vent Marie kenn-t
       I   think   that.**SG** that   man Marie know.**SG**
(41) [...] inheritance has to be understood as copying [...]

말인 즉, FI가 실행된 후에도, C에는 여전히 (비해석성) φ-자질이 남아 있다는 것이다. 이로써, C와 T, 두 위치 모두에 φ-자질이 음성적으로 실현되는 (40)과 같은 데이터들을 다루는 것이 좀 더 용이해진다. 하지만, 이런 저런 문제들은 여전히 남아 있다.

    우선, 다소 지엽적인 문제로, 국면 핵의 φ-자질이 제 자리에 남아있지 못하고, 자신의 보충어 핵으로 전달되어야만 하는 이유를

---

108 C에 있던 φ-자질의 삭제는 통사체의 수정을 금지하는 변경 금지 조건 (No-Tampering Condition)도 위배한다 하겠다.

타당하게 보여주었던 Richards (2007)의 논거가 별 의미 없는 것이 돼 버린다는 것인데, 이에 대해 Chomsky (2013: fn. 47)은 또 다음과 같이 (애매한) 말을 남기고 있다:

(42) **For phi-features it may mean that they are deleted or given a phonetic form (as in West Flemish), hence invisible at the next phase.**

C에 남아있는 φ-자질의 경우, '삭제'될 수도 있고, 음성적으로 실현될 수도 있다. 따라서, 상위의 국면 단계에서는 비가시적이 된다? – Chomsky 교수의 여러 언급들이 흔히 그러하듯, '구체적인' 분석이라기보다, 통찰에 기반한 잠정적 제안, 따라서, 더욱 다듬어야 하는 일종의 원석(原石)이 아닐까 싶다.[109]

　FI와 관련하여 언급할만한 또 다른 쟁점은, FI의 대상이 되는 자질이다. 즉, FI의 대상이 φ-자질에만 국한되는 것인지, 아니면, 국면 핵이 보유한 '모든' 자질이 그 대상이 되느냐 하는 것인데, 이에, Chomsky (2013: fn. 47)에서는 다음과 같이 주장한다:

---

109 이에 Ouali (2008)의 제안들을 살펴볼 필요가 있다. 그에 의하면, FI와 관련하여 아래 세 가지 옵션이 가능하다.

(i)	C[~~uφ~~] ... T[uφ]	DONATE
(ii)	C[uφ] ... T	KEEP
(iii)	C[uφ] ... T[uφ]	SHARE

DONATE라 명명한 (i)은 FI가 실행되고 나면, '상속'이라는 글자적 의미 그대로, C에 있던 φ-자질은 삭제된다. 옵션 (ii) KEEP은 FI라는 작업 자체가 아예 실행되지 않는 경우이며, 옵션 (iii) SHARE는 (인용했던 Chomsky 2013에서와 같이) φ-자질이 '복사'가 되어 T로 전달되는 경우, 그 결과, C와 T 두 곳 모두에 등장하는 경우다.

(43) [...] inheritance has to be understood as copying, *leaving Q* in its original position[.]

Q-자질도 언급하는 것으로 보아 (그리고 (41)의 언급을 고려하더라도), φ-자질뿐만 아니라, C가 보유한 '모든' 자질들이 FI의 대상이 되는 듯하다. 논의를 통해 구체적으로 다듬어야 할 부분들이 많이 있지만, 그 방향만큼은 옳은 듯하다 — 특정 자질만 FI의 대상이 된다는 것은, '왜 하필 그 자질만인가?'와 같은 의문에서 자유롭기 힘들며, 나아가, 초기 최소주의에서 상정되었다 얼마 지나지 않아 폐기된 '자질 이동(Feature Movement)'과 관련되었던 문제점들을 고스란히 떠안게 되기 때문이다.110

FI라는 기제가 등장한 지도 어느덧 10여 년이 훌쩍 넘었다. 그런데 (개인적으로) 사뭇 아쉬운 것은, 등장 초반에는 이런 저런 연구자들에 의해 제법 많은 논의들이 있었는데, 언젠가부터 논의의 뒤안길로 슬그머니 사라진 듯하기 때문이다; 뭔가 구체적으로 다듬어지고, 그래서, 뭔가 안정적인 기제로 자리를 잡게 되어서가 아니라, 그냥 은근슬쩍, 흐지부지 돼버린 느낌이랄까? 연구자들의 많은 관심과 사랑이 필요하다.

---

110 어휘의 '완전한' 해석을 고려한다면, 도출 과정 중 분리된 '일부' 자질들을 다시 원상 복귀시켜야 하는, 소위 Reassembly의 문제가 발생한다 — 이것이 왜 문제인가 하면, 무엇보다도 연산의 복잡성이 증대되기 때문인데, 분리된 자질이 해당 어휘의 음성/의미 해석 모두와 무관하다면 큰 문제가 아닐 것이나, 어느 한쪽이라도 필요한 자질이라면, 연산적 복잡성의 문제를 피해가기 힘들 것이다.

제4장 표찰 이론(Labeling Theory)

4.1 표찰 알고리즘(Labeling Algorithm)

Chomsky (2013, 2015a)에서[111] 논의되는 표찰 이론(Labeling Theory)에 따르면, 모든 통사체는 그 표찰(label)이 결정되어 있어야만, (각) 접합 층위에서 (제대로 된) 해석을 받을 수 있다.

(1) For a syntactic object SO to be interpreted, some information is necessary about it: what kind of object is it? Labeling is the process of providing that information.　　　(Chomsky 2013: 43)

이에, Chomsky 교수는 통사체의 표찰 결정을 담당 혹은 전담하는 장치로 '표찰 알고리즘(Labeling Algorithm; LABEL)'이라는 기제를 제안하는데, 이 LABEL이란 기제는 표찰이 결정되어야 할 통사체의 내부를 탐색하여, 구조상 가장 가까이[112], 바꿔 말해, 가장 덜

---

111 '표찰(Label)'과 관련된 논의들은 Chomsky (2013, 2015a)에서 난데없이 거론된 것이 아니라, Chomsky (1995) 시절부터 꾸준히 논의되어 온 주제다. 이에, (2013, 2015a)의 특별함이 있다면, 표찰과 관련하여, 가장 심도 있게 그리고 가장 구체적으로 논의한다는 것 뿐인데, 이 또한 웃픈 현상이 있다 - 각주 98에서도 언급했던 바, Chomsky (2013, 2015a)에서 Labeling Theory가 논의된 후, 또 너도 나도 Labeling을 읊어대는 따라쟁이꾼들이 등장했다는 것이다.

112 앞서 AGREE도 그랬고, 소개하는 LABEL도 그렇듯이, 탐색(Search)은 언제나 '가장 가까이'에 있는 목표를 발견함으로써 종료된다. 따라서 이 또한 '연산적 효율성'으로부터 도출될 수 있는데, 탐색의 이러한 특성을 일러, 흔히 '최소 탐색(Minimal

내포되어 있는 핵(head)을 찾아, 그 핵의 범주[113] 정보를 해당 통사체의 표찰로 결정한다.[114] 아래 (2)의 구조를 예로 들어, 표찰화 과정에 대해 좀 더 자세히 알아보도록 하자.

(2) SO = {**X**, {Y, ZP}}

(2)의 SO에는 (표찰의 후보가 될 수 있는) X와 Y, 이렇게 두 핵이 존재한다.[115] 하지만, 두 핵은 내포 정도에 있어 서로 차이가 난다 - 즉, Y가 X 보다 '더 깊숙이' 내포돼 있는 것이다. 바꿔 말하자면, 핵 X는 해당 SO의 '원소(member)'이지만, Y는 '원소의 원소 (member of a member)'라는 것이다. 이해를 돕기 위해, (2)를 (3)과 같이 수형도로 표현해 보자.

Search)'이라 부른다.

113 '표찰'과 관련하여 Chomsky (2013: 37)에서는 다음과 같은 언급이 있다.

> [...] identification of the *category* of a phrase (projection, more recently called "labeling").

위 내용만 보면, 표찰은 곧 '범주'다. 하지만, 이어지는 논의를 보면, 범주 자질뿐만 아니라, 해당 핵의 '가장 두드러진 자질(most prominent feature)' 또한 표찰 정보를 제공할 수 있다.

114 표찰로 '결정'할 뿐, 예전과 같이 수형도 상에 (예를 들어) 'XP'로 따로 '표시'되는 것이 아니다. 사실, Chomsky (2015a: 4)에서는 (참으로) 오랫동안 애용되어 왔던 '수형도' 사용의 금지마저 권고하고 있다.

> LA[Labeling Algorithm] simply determines a property of X ... It is therefore advisable to abandon the familiar tree notations, which are now misleading.

115 ZP 내부에도 또 다른 핵 Z가 있을 것이나, Y보다도 더 깊이 내포돼 있으므로 고려하지 않았다.

(3)

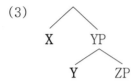

비유컨대, '핵'을 탐지하는 스캐너가 있어, (3)의 구조에 대고 위에서부터 아래로 스캔해 내려간다고 생각해보자. 그러면, 제일 먼저 삑! 하고 걸려드는 핵은 (Y가 아니라) X일 것이요, X가 '유일'할 것이다. 따라서, LABEL은 가장 먼저 발견되는 '유일한' 핵, 즉, X를 SO = {X, {Y, ZP}}의 표찰로 결정하게 된다; 말인 즉, 통사체 SO의 범주적 성격은 (Y가 아니고) X가 된단 말이다.

자, 그런데 문제는, 언어의 구조를 살펴보면, (2=3)과 같이 표찰의 결정이 깔끔하고 분명한 그런 사례들만 있는 게 아니라는 것이다 (이하, DP, VP등과 같은 표기는 시각적 편의/설명의 편의를 위한 장치일 뿐이다).

(4) SO = {{₍DP₎ D, NP}, {₍VP₎ V, NP}}   '{{the, boy}, {likes, the toy}}'

(4)의 SO에도 두 개의 핵, 즉, D와 V가 있다. 그런데, 이 두 핵은, (2)의 X/Y의 경우와 달리, 그 내포 정도가 서로 동일하다. 역시 (이해의 편의를 위해) 좀 더 익숙할 법한 수형도 방식으로 표현해 보자면, (4)는 (5)와 같을 것이다.

(5)

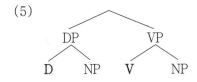

(5)를 두고, 역시 위에서부터 아래로 스캔을 해 내려간다면, 두 개의 핵, D와 V가 '동시에' 삑! 할 것이다 – 두 핵이 서로 같은 깊이에 위치하고 있기 때문이다. 그 결과, LABEL의 입장에서 본다면, 두 핵 중 어느 쪽을 표찰로 할지 결정할 수 없는 상황이 돼버리는 것이다 (비유컨대, 찍히는 바코드가 '둘'이라, 어느 쪽이 진짜 가격인지 알 수 없는 상황이 된다는 것이다). 표찰이 결정되지 못한 통사체는 접합 층위에서 제대로 된 해석을 받지 못하니, (5=4)와 같은 통사체 역시 그런 위험에 처하게 된다.[116] 하지만, Chomsky (2013, 2015a)에 의하면, 해당 통사체의 구조가 (5)와 같은 'XP-YP' 형상이라 하여, 표찰화가 언제나 실패하는 것은 아니다. (6)을 보자.

(6) SO = {{$_{DP}$ D$_{[i\varphi]}$, NP}, {$_{TP}$ T$_{[u\varphi]}$ ...}}

(6)의 SO 역시 (4=5)와 마찬가지로 XP-YP 형상을 하고 있다; 즉, 두 핵 D와 T의 내포 정도가 동일하다는 것이요, 따라서, (5)와 마찬가지로 표찰화의 실패가 예상된다. 하지만 Chomsky (2015a)에 의하면, (6)과 같은 상황에서는, 두 핵의 내포 정도가 비록 동

---

116 (4=5)와 같이 표찰화의 실패가 발생하는 전형적인 사례를 일반화 하여, 종종 'XP-YP' 구조라 부른다.

일하다 할지라도, 표찰의 결정이 가능하다 하는데, 그 논리인 즉, 해당 통사체가 XP–YP 형상이라 하더라도, 내포 정도가 동일한 두 핵, 즉, X(=D)와 Y(=T) 사이에 서로 공유하는 자질이 있을 경우에는, 해당 공유 자질의 쌍이 표찰로 결정된다는 것이다; 이에, (6)을 다시 보면, 두 핵 D와 T는 공히 φ–자질을 가지고 있다. 따라서, 그 표찰은 공유되는 자질의 순서쌍, 즉, <φ, φ>가 되는 것이다.[117] 관련된 Chomsky 교수의 언급을 통해, 좀 더 자세히 살펴보도록 하자:

(7) Mere matching of most prominent features does not suffice [...]
what is required is *not just matching but actual agreement* [...]
(Chomsky 2013: 45)

내용인 즉, 두 핵 사이에 서로 공유하는 자질이 있다고 해서, 그 사실 하나만으로 표찰화가 가능한 건 아니라는 것이요, 아래 (8)의 두 조건들이 (추가로) 충족되어야만, 해당 공유 자질이 비로소 표찰 역할을 할 수 있다는 것이다.

(8) a. most prominent feature
b. agreement

조건 (8a)에 의하면, 공유 자질은 (아무 자질이 아닌, 해당 핵의) '가장 두드러진(most prominent)' 자질이어야 하고,[118] 조건 (8b)

---

117 Mizuguchi (2019)는, XP-YP 구조의 경우, 두 핵 사이의 공유 자질이 없더라도 표찰화는 원칙적으로 가능하다고 주장한다.
118 자질의 '두드러짐'을 구분하는 기준은 (아직) 정의되지 않은 상황이다.

에 따르면, 가장 두드러진 공유 자질들 사이에 '일치', 즉, AGREE
가 있어야 된다는 것이다.

자, 이제, 표찰화와 관련하여 마지막으로 언급할 사항으로 '복사
체 비가시성(Copy Invisibility)'이란 것을 살펴보도록 하자.
Chomsky (2015)의 주장에 따르면, 이동, 즉, IM이 된 통사체의
경우, 자신의 '최종' 위치를 제외한 나머지 위치들은 LABEL에 비
가시적(invisible)이다.

(9) {β XP, {α XP, YP}}

(9)에서 XP는 YP와 EM을 하고, 이어, {XP, YP}와 IM을 하고 있
다. 이에, 복사체 비가시성에 의하면, XP의 최종 위치에 해당하는
(왼쪽의) XP는 통사체 β의 표찰화 작업에 가시적인 반면, 그렇지
않은 (오른쪽의) XP는 통사체 α의 표찰화 작업에 비가시적, 즉, 무
관한 요소가 된다는 것이다. XP와 같은 '복사체(Copy)'가 표찰화에
비가시적이라는 이 가정은, 생성 문법의 최대 난제, 혹은, 최대 골
칫거리들 중 하나라 할 수 있는 EPP 현상에 대해 꽤 그럴싸한 (통
사적) 해결안을 제시한다. (10)을 보자.

(10) a. {T, {α XP, {v*P v*, ... }}}
     b. {XP, {T, {α XP, {v*P v*, ... }}}}

(10a)의 통사체 α는 XP-YP 구조, 좀 더 구체적으로 표현하자면,
{α {X, YP}, {v*, ...}}의 구조로써, 표찰화의 실패가 예상되는 형

상이다. 하지만, (10b)에서와 같이, (Spec-v*P에 위치한) XP가 Spec-TP로 이동을 하게 되면, 원래 위치의 XP는 XP, 즉, '복사체'가 되고, 복사체 비가시성에 의거, LABEL의 눈에 보이지 않는 요소로 변하게 된다. 그 결과, 통사체 α는 (남아있는 유일한 핵) v*에 의해 표찰이 결정될 수 있게 되는 것인데, 이를 바꿔 말하면, XP는 Spec-v*P에 남아 있을 수 없고, 반드시 상위로 이동해야 한다는 것이며,[119] 이게 바로 EPP의 핵심인 것이다.[120] 따라서, Extended Projection Principle (EPP)이라는 원리 아닌 원리, 혹은, 잘못 붙여진 이름(misnomer)으로 시작해, 이후, EPP-자질, 가장자리 자질(Edge Feature), OCC(urrence) 등의 여러 다른 이름으로 불리며, 그 때마다 조금씩 다른 분석안들이 제안되었었지만, 결국, 혹은, 결코 (만족스럽게) 해결되지 못한 것이 EPP 관련 현상이었다. 그런데, 표찰화 이론과 복사체 비가시성의 등장으로 인해, 비로소 (그나마) 한 단계 진일보한 접근이 가능하게 된 것이다.

　자, 이상으로, 표찰화와 관련된 주요 내용들을 (간략하게) 살펴보았는데, (거의) 언제나 그렇듯, 새로운 기제는 그에 따르는 새로

---

119 그렇다고 해서, XP의 이동이 표찰화를 '위하여', 혹은, 표찰화가 그 '원인'이라 생각하면 안 될 것이다 - 4.2의 (19)와 관련해서도 논의하는 바, '이동'을 포함한 모든 (통사) 운용들은 어떤 목적에 의해 촉발되는 것이 아니라, (아무런) 목적/이유 없이, 자유롭게 적용된다는 것이 최소주의의 최근 입장이기 때문이다. 따라서, (10)의 XP는 이동을 해도 되고, 하지 않아도 된다 - 다만, 이동을 하지 않을 경우, 표찰화에 문제가 발생하는 구조가 초래될 뿐이다.

120 EPP의 대략적인 (원래) 정의는 아래와 같다 (modified Chomsky 1981):

Extended Projection Principle (EPP)
Spec-TP must be overtly filled.

보다시피, 그 이름에는 '원리(Principle)'가 들어가 있지만, 그 실상은 단순한 작위 (Stipulation)일 뿐이다.

운 문제들을 유발하거나, 그동안 별 문제가 되지 않았던 것들을 문제로 만들어 버리는 신비한 능력을 갖춘지라, 이에, LABEL도 예외가 아니다. 절을 넘겨 관련된 주요 쟁점들을 살펴보도록 하자.

4.2 쟁점들

4.2.1 공유 자질로의 표찰화 문제

우선, (6)을 다시 살펴보도록 하자.

(11) SO = {{$_{DP}$ **D**$_{[i\varphi]}$, NP}, {$_{TP}$ **T**$_{[u\varphi]}$ ...}}　　　(= 6)

앞서 3.1에서도 언급하였듯이, AGREE는 (국면 핵이 보유한) 비해석성 자질, 즉, 'Probe'의 탐색에 의해 시작되고, 이에, Probe의 탐색 (가능) 영역은 해당 구조의 모든 영역이 아니라, Probe를 보유한 범주의 c-command 영역으로 제한된다. 자, 이 점을 염두에 두고, (11)을 다시 살펴보자 – (국면 핵 C로부터 물려받아) T가 보유한 Probe, 즉, [uφ]와 AGREE 관계에 들어갈 수 있는 유일한 후보는 D가 가진 [iφ]이다[121]. 하지만, 이 D는 T의 탐색 (가능) 영역의 '외부', 즉, T가 c-command 하는 영역의 '바깥'에 위치하고 있다. 자, 그렇다면, T의 [uφ]는 D의 [iφ]를 발견하지 못하고 되고, 그 결과, 공유 자질 사이에는 AGREE가 있어야 한다는 (8b)의 조건을 충족시키지 못하게 되어, D와 T의 φ-자질은 공유됨에도 불

---

121 [iφ]의 실소유주가 D냐 N이냐 하는 문제는 논외로 한다.

구하고 표찰 역할을 할 수 없게 된다. 그 결과, (11)의 SO는 표찰화에 실패하게 된다. 물론, (11)에서의 AGREE 작업을 다음과 같이 생각해 볼 수도 있을 것이다.

(12) SO = {{$_\beta$ {$_{DP}$ **D**$_{[i\varphi]}$, **NP**}, [$_\alpha$ {$_{TP}$ **T**$_{[u\varphi]}$ ...}}, {$\mathbb{D}_{[i\varphi]}$ ...}]}}

AGREE는 T와 (그 상위의) D 사이에서 이루어지는 것이 아니라, T와 (그 아래의) D 사이에서 이루어지는 것으로 보는 것이다. 그렇다면, 탐색 영역 '바깥'이라는 문제는 해결된다. 하지만, 이런 식의 접근은 중요한 사실을 간과하고 있다 ― (12=11)에서 표찰화와 관련하여 문제가 되는 통사체는 T/D와 관련된 α가 아니라, D/T와 관련된 β라는 것이다.[122] 따라서, T와 D가 AGREE를 하더라도, 그 AGREE는 통사체 β의 표찰화에는 아무런 영향을 끼치지 못하는 것이다.[123]

이상 언급한 문제점들을 인식해서인지 (어쩐지는 모르겠다만), Chomsky (2017)에서는 Chomsky (2013, 2015a)와 조금 다른 도출 과정을 제안한다.

(13) a. {$_\beta$ **C**$_{[u\varphi]}$, {$_\alpha$ {$_{DP}$ **D**$_{[i\varphi]}$, **NP**}, {$_{TP}$ **T** ...}}   AGREE(uφ, iφ)

　　b. {$_\beta$ **C**$_{[u\varphi]}$, {$_\alpha$ {$_{DP}$ **D**$_{[i\varphi]}$, **NP**}, {$_{TP}$ **T**$_{[u\varphi]}$ ...}}   FI from C to T

---

122 그도 그럴 듯이, Chomsky (2015a)에 의하면, 통사체 α는 '강화된' T에 의해 표찰이 결정된다 ― 관련하여, 본 절의 (20)과 관련된 논의 또한 참조하라.
123 (12)의 두 D는 사실 '동일'한 것이니, AGREE에 있어 문제가 발생하지 않는다고 볼 수도 있을 것이다.

(13a)는 (C로부터 T로의) 자질 상속(Feature Inheritance; FI)이 실행되기 이전의 구조이고, (13b)는 그 이후의 구조다. 이에 대해, Chomsky (2017: 3)에서는 아래와 같이 언급하고 있다:

(14) AGREE then applies between the phase head [i.e. C] and [D], by minimal search, [...] The features of the phase head are then inherited (by T [...]). The structure [...] is now labelable by shared and agreeing phi-features.

말인 즉, φ-자질의 AGREE는 FI가 실행된 이후, 즉, (13b) 단계에서 이루어지는 것이 아니라, 그 전의 (13a) 단계에서 C가 가진 (비해석성) φ-자질과 D가 가진 (해석성) φ-자질 사이에서 이루어지고, 이어, FI가 실행되어 C의 [uφ]가 T로 상속된 구조, 즉, (13b) 단계에서 D와 T가 공유하고 '일치하는' 자질, 즉, φ-자질에 의해 α의 표찰이 결정된다는 것이다.

자, 이와 같이 수정을 하게 되면, (11)과 관련해서 제기되었던 탐색 영역 내/외부의 문제, 즉, D가 T의 탐색 (가능) 영역 '바깥'에 위치한다는 문제는 해결된다; AGREE 작업의 탐색 주체는 (D 아래의) T가 아니고 (D보다 상위에 있는) C이기 때문이다. 하지만, 그럼에도, 공유 자질 간의 '일치'와 관련된 문제는 여전히 뭔가 개운치가 않다 − 이유인 즉, 엄밀히 말하자면, AGREE 작업은 통사체 α의 표찰화에 영향을 미치는 D와 T 사이에서 이루어진 것이 아니라, D와 C 사이에서 이루어졌기 때문이다. 이러한 사실은, 통사체 α의 '외부'에 위치하는 C와의 AGREE가 어떻게 다른 통사체, 즉, α의 표찰화에 영향을 줄 수 있는가 하는 의문을 초래한다. 물론, 이렇게 응수할 수도 있을 것이다 - 이러나 저러나, T의 φ-자질과 C 의 φ-자질은 (사실) 동일한 것이니, 별 문제될 게 없다고. 하지만, 그럼에도 뭔가 석연치가 않다; T는 D와 AGREE를 (이미) '했었던' φ-자질을 물려받은 것이지, T가 D와 직접 AGREE를 '한 것', 또는 '하는 것'은 아니기 때문이다.

자, 이제, 공유 자질을 통한 표찰화와 관련된 또 다른 쟁점을 살펴보도록 하자.

(15) a. SO = {X, {Y, ZP}}

  b. SO = {{$_{DP}$ D$_{[i\varphi]}$, NP}, {$_{TP}$ T$_{[u\varphi]}$ ...}}

(15a)의 표찰은 LABEL의 탐색 과정 중 발견되는 최초이자, 유일한 핵, 즉, X가 된다. 하지만 (15b)에서는 (15a)에서와 같은 '유일한' 핵은 없지만, 대신, (내포 정도가 동일한) 두 핵, 즉, D와 T 사이에 공유되는 자질이 발견된다 - 따라서, 그 표찰은 공유 자질의 순서쌍, <φ, φ>가 된다 했다(고 가정하자).

이쯤에서 이전의 내용들을 잠시 상기해 보자 - 앞서 3.1에서 살펴보았듯이, AGREE는 Probe와 (Probe의 탐색 영역 내에서) '가장 먼저', 즉, '가장 가까이'에 있는 Goal 사이에서 이루어진다. 그리고 이번 절에서 살펴보고 있듯이, 표찰 결정을 위한 LABEL 또한, 구조상에서 '가장 가까이'에 있는 핵을 탐색한다. 이렇듯, (구조적으로) '가장 가깝다'는 사실이 통사 운용(의 탐색)에 있어 아주 중요한 역할을 하고 있는데, 이에 대해 Chomsky (2013: 43)에서는 아래와 같이 언급한다.

(16) **The simplest assumption is that LA[LABEL] is just minimal search, [...] as in Agree and other operations.**

내용인 즉, (모든) 통사 운용들은 'Minimal Search(최소 탐색)'의 (서로 다른) 표현형이라는 것이요, 따라서, 필요한 요소를 발견하였다면, 그 즉시 탐색을 중단한다는 것이다. 자, 이러한 사항을 염두에 두고, (15)를 다시 살펴보자.

　(15a)의 경우, LABEL의 탐색 과정에서 최초로 걸려드는 통사체는 X요, 또 X가 유일하다. 따라서, X를 (15a)의 표찰로 결정하는데 별다른 문제가 없다. 자, 이제 (15b)를 보자 – 이 경우, LABEL의 탐색에 최초로 걸려드는 통사체는, (15a)의 경우와 달리, 두 개의 핵, 즉, D와 T가 된다. 따라서, 표찰화의 실패가 예상되지만, 앞서 보았듯이, 이 경우에는 D와 T 사이에 공유하는 자질이 있기 때문에, 그 쌍으로 표찰이 결정될 수 있다. 그런데, 바로 이 지점에서 간과하는 사실이 있다 – D와 T가 공유하는 자질(의 쌍)을 표찰로 결정하기 위해서는, 두 핵 사이의 자질들을 '비교'해야 하는 추가 작업이 필요하다는 것이다; 그도 그럴 듯이, 두 핵의 자질들을 '비교'하지 않고는, 각 자질들의 '공유' 유무를 판단할 수 없기 때문이다. 자, 이게 무엇을 의미하는가 하면, (15b)와 같은 경우에는, '최소' 탐색만으로 LABEL 작업이 종료되는 것이 아니라, 발견된 두 핵의 자질들을 비교하여, 서로 공유하는 자질이 있는지 없는지까지 탐색하는 '추가' 탐색이 요구된다는 것이다.[124] 이는, '연산

---

124 이러한 '추가'적인 탐색을 일러, Shim (2019)에서는 '비교 탐색(Comparison Search)'이라 부른다.

적 효율성' 관점에서 보자면 적잖은 부담을 안겨주는 작업일 것이다.

공유 자질을 통한 표찰화와 관련해 언급할 마지막 쟁점은, 이 장의 서두에서 살펴본, Chomsky (2013, 2015)의 아래 언급과 관련된다 (17=1).

(17) *For a syntactic object SO to be interpreted,* some information is necessary about it: what kind of object is it? Labeling is the process of providing that information.　　　(Chomsky 2013: 43)

말인 즉, 통사체에 표찰이 필요한 이유는 해당 통사체가 (접합 층위에서 제대로 된) '해석'을 받기 위함이요, 바꿔 말하자면, 표찰은 통사체의 해석에 있어 꼭 필요한 요소라는 것이다. 자, 그렇다면, 그 표찰이라는 것을 다시 한 번 상기시켜 보자; 표찰에는 두 가지 종류가 있다 - 하나는, V와 같이 '범주' 정보로 이루어진 것이고, 다른 하나는, <φ, φ>와 같이 '공유 자질'(의 쌍으)로[125] 이루어진 것이다. 이에, 범주 표찰의 경우, 해당 통사체의 '해석'에 기여를 하는 듯하다 - 그도 그럴 듯이, 통사체의 성격이 '동사적(Verbal)'인 것이냐, 혹은, '명사적(Nominal)'인 것이냐 하는 (범주) 정보는 해당 통사체를 제대로 해석해내는 데 꼭 필요한 정보이기 때문이다. 자, 그렇다면, '공유 자질' 표찰의 경우는 어떨까? 이 또한 해당 통사체의 해석에 기여를 하는 것일까? 통사체 = $\{DP_{[i\varphi]}, TP_{[u\varphi]}\}$ = $<\varphi_1, \varphi_2>$를 예로 들어 살펴보자.

---

125 공유 자질의 쌍으로 이루어진 또 다른 표찰로는 <Q, Q>를 들 수 있다.

통사체 {DP, TP}의 표찰은 전통적으로 'T(P)'로 간주되었다 – 말인 즉, 해당 통사체의 성격이 '시제(Tense)'와 관련됐다는 것이다. 하지만, Chomsky (2013, 2015a) 틀에서 해당 통사체의 표찰은 (T가 아닌) 일치 자질의 쌍, 즉, $<\varphi, \varphi>$로 간주된다. 자, 그렇다면, 이 '일치(φ)'라는 정보는 통사체 = {DP, TP}의 해석에 대체 어떤 기여를 하는 것일까? 가늠하기 힘들다. 통사체를 제대로 해석하려면, (예를 들어) '3인칭'이냐, '2인칭'이냐와 같은 '일치' 정보가 필요하지 않느냐고 혹자는 되물을 수 있겠으나, 일치 자질 정보는 DP와 같은 명사구의 해석에는 (반드시) 필요한 요소이나, 우리가 지금 논의의 대상으로 삼는 통사체는 명사구가 아니라, 명사구와 시제구가 결합된 SO = {DP, TP}다. 따라서, 일치 자질 정보가 그러한 통사체를 (제대로) 해석하는 데 어떤 기여를 하는지는 여전히 분명치 않은 것이다. 또 다른 문제도 있다 – $<\varphi_1, \varphi_2>$는 DP와 TP가 공유하는 자질의 쌍에서 비롯된 표찰이다. 그렇다면, 일치 자질 둘 중 하나는 D로부터 온 것이고, 나머지는 T의 것일텐데, 문제는, T가 보유한 일치 자질은 (최소한 CI에 있어서만은) '비해석성'이라는 점이다 – 비해석성 자질은 접합 층위로 전달될 수 없고, 따라서, 접합 층위로 전송되기 전에 제거되는 자질이다. 자, 그렇다면, 그런 비해석성 자질을 포함하고 있는 $<\varphi_1, \varphi_2>$는 어떻게 해서 '온전하게' 접합 층위로 전달되며, (그것이 무엇이든) 해석까지 받게 되는 것일까? 역시 연구 과제로 남겨둔다.

4.2.2 규칙 적용 순서의 문제

LABEL과 관련하여 언급할 또 다른 쟁점은 아래 (18)의 도출 과정과 관련된다.

(18) a. {R, DP}
  b. {DP, {R, DP}}   IM of DP
  c. {$_\gamma$ v*, {$_\beta$ DP$_{[i\varphi]}$, {$_\alpha$ R$_{[u\varphi]}$, DP}}}   FI-LABEL
  d. {$_\gamma$ [R-v*], {$_\beta$ DP$_{[i\varphi]}$, {$_\alpha$ R$_{[u\varphi]}$, DP}}}   IM of R

(18)은 (전형적인) 타동 구문의 v*P 국면 생성에 대해 Chomsky (2015a)에서 주장하는 도출 과정인데, 살펴보자면 – 우선, 그 첫 단계에서 R과 DP과 결합하여 (18a)가 생성되고, 그 다음 (18b)에 서처럼 DP가 Spec–RP로 이동한다. 그 후, v*가 결합하여 (18c), 마지막으로 R이 v*로 이동하고 나면, (18d)의 구조가 생성된다. 자, 하나씩 파헤쳐 보자.

우선, 비교적 최근까지도 지속적으로 주장해 온 Chomsky 교수의 언급부터 살펴보자.

(19) a. The simplest conclusion, then, seems to be that   operations
     [...] all apply at the phase level.   (Chomsky 2007: 17)
  b. [...] IM and transfer both apply at the phase level.
                                                (Chomsky 2013: 40)
  c. LA[Labeling Algorithm] applying to an SO (like other operations,
     at the phase level).   (Chomsky 2013: 46)

말인 즉, (EM을 제외한) 통사부의 모든 운용들은 '국면 단계'에서 적용된다는 것이다. 자, 그런데, (18b)를 보면, DP의 이동, 즉, IM 이라는 통사 운용은 ((19)에서의 주장들과 달리) 도출 과정에 국면 핵이 도입되지 않은 단계, 따라서, 국면이 생성되지 않은 단계에서 적용된 것이다. 뿐만 아니라, (18b)에서의 IM과 같은, '동일' 최대 투사 내부에서의 이동, 즉, 동일 최대 투사의 보충어 자리에서 Spec 자리로의 이동은 그 거리가 너무 '짧다(local)'는 이유로, 여러 연구자들에 의해 위법한 이동으로 지적받아 왔던 운용이다 (Bošković 2005, Grohmann 2003, 2011). 따라서, (18b)에서와 같은 DP의 이동은 이래저래 문제의 소지가 많은 것이라 하겠는데, 그런데, 근래 들어, Chomsky 교수는 다음과 같이 입장을 바꾸고 있다.

(20) a. Merge applies freely, including IM. [...] there is no need for IM to apply [...] at the phase level [...] the lingering idea [...] that each operation has to be motivated by satisfying some demand. But there is no reason to retain this condition. Operations can be free, with the outcome evaluated [...] at the interfaces. (Chomsky 2015a: 10)

   b. [...] the assumption that Internal Merge IM ("Move") is triggered [...] we drop the triggering assumption, and simply assume that Merge (both IM and EM) applies freely. (Chomsky 2017: 3)

   c. [...] drop the condition that Internal Merge (Movement) has to be triggered[.] (Chomsky 2019b: 268)

(20)의 요인 즉, (IM과 같은 통사) 운용은 (군이 국면 단계가 아

니더라도) 아무 단계에서, 아무런 이유와 목적 없이, 그야말로 '완전히 자유롭게' 적용될 수 있다는 것이요, 이에, 그러한 운용 적용의 적법성은 (추후에) 접합 층위에서 평가된다는 것이다.126 좋다, 그렇다고 하자; (18b)에서와 같은 (대단히 짧고) 비국면 단계에서의 DP 이동은 가능한 것으로 일단 가정해보자127 (그 외에도 짚어볼 쟁점들이 많으니).

자, 그럼 이제 (18c)를 짚어보기 위해, 표찰화와 관련된 Chomsky (2013, 2015a)의 주장들을 먼저 살펴보자.

(21) a. [...] copy is invisible to LA[Labeling Algorithm.]

(Chomsky 2013: 44)

b. R is universally too weak to label [...] R can label RP after object-raising. (Chomsky 2015a: 7)

(21a)에 의하면, 이동을 거친 통사체의 경우, 최상위 위치를 제외한 나머지 위치들은 복사체(Copy)로 간주되어 LABEL에 보이지

---

126 이러한 주장은 일견 GB 시절의 모습으로 회귀하는 것이라 하겠다. GB 틀에서는 Move-α라 하여, 이동 운용은 언제, 어디서든, 또 어디로든, 자유롭게 가능했고, 그 적법성은 Filter라 불렸던 여러 여과 장치들에 의해 평가되었다.

127 (18)에서와 같은 '자유로운' 이동 방식은 '비순환성(countercyclicity)'의 문제를 해결한다는 장점을 가지고 있다.

(i) a. C-T-DP ➡ C-DP-T-<DP>
b. T-DP ➡ DP-T-<DP> ➡ C-DP-T-<DP>

(ia)는 C로부터 T가 물려받는 자질로 인해 DP가 Spec-TP로 이동한 도출로써, 보다시피, DP는 이미 완성된 C-T 사이를 '비집고' 들어갔다; 따라서, 이는 '비순환적' 이동이다. 반면, (ib)의 경우, 즉, DP가 아무런 이유 없이 (C가 도입되기 전에) Spec-TP로 이동한 경우에는 비순환성의 문제가 발생하지 않는다. 하지만, (ib) 또한 또 다른 문제를 유발하게 되는데, 관련하여 Chomsky (2015a)를 참조하라.

않는다는 것이다; 예를 들어, (18d)의 DP와 DP의 경우, 전자는 LABEL에 가시적이나, 후자는 비가시적이라는 말이다. (21b)에 의하면, 어근 R은 독립적으로는 표찰 역할을 수행할 수 없고, 다만, 자신의 Spec 자리가 (다른 요소로) 채워진 경우에만 표찰 역할이 가능하다.[128] 자, 이제, 이와 같은 사항들을 염두에 두고, (18c)를 다시 살펴보도록 하자 (편의상 (22)로 다시 옮겨왔다).

(22) $\{_\gamma \ v^*_{[u\phi]}, \ \{_\beta \ DP_{[i\phi]}, \ \{_\alpha \ R_{[u\phi]}, \ DP\}\}\}$　　　　　　**FI-LABEL**

(22=18c) 단계에서는 두 가지 작업이 발생한다; (i) v*에서 R로의 일치 자질의 상속, 즉, FI가 실행되고, (ii) 통사체 α, β, γ의 표찰화, 즉, LABEL 작업이 이루어진다. 이에, 통사체 α의 표찰은 '강화된' R로 인해 R로 결정되고, 통사체 β의 표찰은 D와 R이 공유하는 자질의 순서쌍, 즉, <φ, φ>로 결정되며, 마지막으로, 통사체 γ의 표찰은 (유일한 핵) v*로 결정된다. 별 문제가 없어 보일지 모르나, 이런저런 문제들이 잠재해 있다.

　우선, (22)에 등장하는 각 통사체들의 표찰화가 아무런 차질없이 이루어지 위해서는, FI와 LABEL 사이에 적용 순서가 정해져야 한다는 점이다; 그도 그럴 듯이, 통사체 β의 표찰이 <φ, φ>로 결정되기 위해서는, R이 φ-자질을 보유하고 있어야 할 것이고, 이는 곧, 통사체 β에 대한 표찰화(LABEL)가 실행되기 '이전'에 R로의

---

128 이에 대해 Chomsky (2015a)는, 자신의 Spec이 채워진 R은 표찰 역할을 할 수 있도록 '강화가 되었다(strengthen)'고 표현한다. 참고로, Chomsky (2015a)에서는 R 뿐만 아니라, T 역시 독립적으로는 표찰 역할을 수행할 수 없는 요소로 가정한다.

자질 상속이 실행되어야 함을 의미한다. 아울러, 아래 (23=18d)를 고려할 경우, 규칙의 적용 순서는 FI와 LABEL 사이뿐만 아니라, LABEL과 IM 사이에도 요구됨을 알 수 있다.

(23) $\{_\gamma \ [R\text{-}v^*], \ \{_\beta \ DP_{[i\varphi]}, \ \{_\alpha \ R_{[u\varphi]}, \ DP\}\}\}$ IM of R   (= 18d)

(23)에서 알 수 있듯이, R은 결국 v*로 이동을 하게 되는데, 이 이동이 있고 나면, 원래 위치의 R은, (21a)의 '복사체 비가시성'에 따라, LABEL에 무관한 요소가 된다. 따라서, 만약 LABEL이 (23) 단계, 즉, R의 이동(IM) '이후'에 적용 된다면, R의 비가시성으로 인해 통사체 α의 표찰화가 실패하게 되는 것이다. 자, 여기까지 정리를 해 보자면, 타동 구문의 v*P가 제대로 생성되기 위해서는 (대략129) 아래 (24)에서와 같은 운용들 간의 적용 순서가 요구된다.

(24) FI > LABEL > IM

(20)에서 보았듯이, Chomsky (2015a, 2017, 2019b)에서는 통사부 운용 적용의 '자유로움'을 주장하고 있다. 그런데, 그 실상은 (24)와 같이 운용들 간의 적용 순서를 정해 놓아야 정문의 생성이 가능하다. 물론, 이렇게 응수할 수도 있을 것이다 ― 운용들이 잘못된 순서로 적용된 도출은, 그로 인해, 표찰화를 비롯한 여러 가지

---

129 '대략'이라 함은, (23)에서의 DP의 IM까지 고려할 경우, IM의 적용 순서는 (24) 보다 더욱 복잡해지기 때문이다. 그도 그럴 듯이, Chomsky (2015a)의 가정에 의하면, R은 자신의 Spec이 채워진 경우에만 표찰의 역할을 할 수 있다 ― 말인 즉, DP 의 이동은 LABEL 작업에 (또한) 선행되어야 한다는 것이다.

문제들이 발생하게 될 것이고, 그 결과, 해당 구조는 (결국) 접합 층위에서 제대로 된 해석을 받지 못하게 될 것이다. 바꿔 말해, (24)의 순서를 준수하여 생성된 표현들은/만 각 접합 층위에서 수렴(converge)할 것이고, 그렇지 못한 표현들은 (결국) 접합 층위에서 (자동으로) 걸러질 것이니, 운용들 간에 굳이 그 순서를 정해놓지 않더라도 별 문제될 게 없다, 라고. 일견 그럴듯한 맞대응이다.[130] — 하지만, 그럼에도, 뭔가 석연치 않은 건 필자의 어줍잖은 기분 탓일까? 문제는 여기서 끝나지 않는다 — (25)의 통사체 γ의 표찰화와 관련된 Chomsky (2015a)의 언급을 보자.

(25) a. $\{_\gamma \; v^*, \; \{_\beta \; DP_{[i\varphi]}, \; \{_\alpha \; R_{[u\varphi]}, \; DP\}\}\}$ FI/LABEL   (= 18c)

     b. $\{_\gamma \; [R\text{-}v^*], \; \{_\beta \; DP_{[i\varphi]}, \; \{_\alpha \; R_{[u\varphi]}, \; DP\}\}\}$ IM of R   (= 18d)

(26) [A]lthough R cannot label, the amalgam [R-v*] can. (Chomsky 2015a: 9)

(26)의 내용인 즉, R이 제 '스스로'는 표찰 역할을 할 수 없지만, v*와 결합된 복합체 (Chomsky 2015a의 표현으로는 'amalgam') [R-v*]는 표찰의 기능을 할 수 있다는 것이다. 두 가지 의문이 생긴다. 첫째, 앞서 살펴보았듯이, 통사체 α의 표찰화는 (25a=18c)

---

130 이러한 문제는 결국 '과잉 생성(overgeneration)'과 관련된 쟁점으로 귀착되는데, 관련하여, Chomsky et al. (2019: 11)은 다음과 같이 언급하고 있다:

> [...] concerns about "overgeneration" in core syntax are unfounded [...] "overgeneration" must be permitted[.]

간단히 말해, (통사부의) '과잉 생성'은 문제가 되지 않고, 되려, 허용되어야 한다는 입장이다. 이외는 빈대되는 주장으로, 일명, 'Crash-proof syntax'를 주장하는 Frampton and Gutmann (2002)를 보라.

단계, 즉, R이 (v*로) 이동하기 '전'에 실행되어야 한다; 표찰화가 만약 (R의) 이동 '후'에 실행된다면, 하위의 R은 LABEL에 비가시적인 복사체(Copy)가 되고, 그로 인해, 통사체 α의 표찰화가 실패하기 때문이다. 자, 그렇다면, 표찰화가 '부분적'으로 이루어지는 것이 아니라면, 통사체 γ의 표찰화 역시 (25a) 단계에서 실행될 것이고, 이에, 유일한 핵인 v*가 통사체 γ의 표찰로 결정될 것이다. 이것이 무슨 말인고 하니, 통사체 γ 의 표찰은 (25a) 단계에서 v*에 의해 이미 결정된다, 아니, 되어야만 한다는 것인데, 이런 상황에서, R은 안되지만, 복합체 [R-v*]는 통사체 γ 의 표찰 역할을 할 수 있다는 (26)과 같은 언급은 애초에 불필요한 주장이라는 것이다.[131]

두 번째 문제는, R의 경우, (25a) 단계에서 Spec 자리에 있는 DP로 인해 '강화(strengthen)'가 되었다는 점과 관련된다. 말인 즉, DP가 자신의 Spec에 위치함으로써, R은 표찰 역할을 수행할 수 있는 핵이 되었다는 것이다. 그렇다면, [R-v*] 속의 R 역시 표찰 역할을 할 수 있는 핵일테니, (26)과 같은 언급은 더더욱 불필요한 주장이 아닌가?

(명쾌한) 해답은 없고, 되려 의문들만 더 크게 증폭되었을지 모르겠다. 그래도, 쟁점을 이어가 보도록 하자.

---

131 백번 양보하여, [R-v*]의 표찰 가능성을 받아들인다 하더라도, 하나의 핵이 아닌 [R-v*]와 같은 복합체에 의해 결정되는 표찰은 과연 어떤 모습을 할 것인지, 의문은 여전히 남는다; 더군다나, v*는 통사적으로 비활성화 된다 하지 않았던가.

4.2.3 복사체 비가시성의 문제

표찰화와 관련하여 마지막으로 언급할 쟁점은 '복사체는 LABEL에 보이지 않는다'는, (27=21a)의 '복사체 비가시성(Copy Invisibility)'과 관련된다.

(27) [...] copy is invisible to LA[Labeling Algorithm.] (Chomsky 2013: 44)

관련하여, (28)을 살펴보자 (이탤릭과 작은따옴표는 원문 그대로).

(28) a. If α in the syntactic object SO is merged somewhere else [...] the two occurrences of α [...] the original occurrence called [...] *copy* of the new one. The terminology is misleading [...] First, each of the elements is a 'copy' of the other. (Chomsky 2000: 114)

   b. Suppose that one is part of the other, say Y is part of X [in {X, Y}]. Then the result of Merge is again {X, Y}, but in this case with two *copies* of Y, one the original one remaining in X, the other the copy merged with X. (Chomsky 2013: 40)

(28)의 요지인 즉, 어떤 통사체 XP가 '이동'을 했을 경우, 관련된 통사체들은 '모두' 복사체라는 것이다. 바꿔 말해, {XP, {XP, YP}}와 같은 구조의 경우, XP는 '복사체'인 반면, XP는 (복사체 아닌) 다른 무엇이 아니라, XP와 XP, 둘 모두 공히 복사체(Copy)라는 것이다. 자, 그렇다면, LABEL에 비가시적인 걸로 치자면, 둘 모두 비가시적이어야 할텐데, Chomsky (2015a)에 의하면, XP는 LABEL

에 가시적인 반면, XP는 비가시적이라는 것이다.[132]

복사체에 대한 이와 같은 다소 모순적인 주장은 그 자체로도 문제이거니와, (29)와 같은 사례들을 고려하면, 더욱 복잡한 문제들을 야기한다.

(29) $\{T_{[u\varphi]}, \{_{v*P} \text{what}_{[i\varphi]}, \{\text{John}_{[i\varphi]}, ..., \text{what}\}\}\}$ 'What does John like?'

(29)는 국면 v*P 단계에서 목적어 'what'이 v*P의 외곽 지정어 (outer-Spec)로 이동한 상태다. 이에, T는 목표를 찾아 probing을 하게 되고, 그 결과, 'John'과 AGREE를 하게 된다 – 복잡한 문제는 바로 이 시점에서 발생한다. (29)에서 알 수 있듯이, T와 'John' 사이에는 'what'이 위치해 있고, 이 'what'은 (그 아래의) 'John'과 마찬가지로 (T의 목표가 될 수 있는) φ–자질을 보유하고 있다. 그런데, 이 'what'은, Chomsky (2013)의 복사체 비가시성을 따르자면, '보이는' 통사체다; 이동의 '최종' 위치이기 때문이다. 그렇다면, T의 탐색은 어찌하여 '보이는' 'what'에 의해 차단되지 않고, 관통하여 (그 아래의) 'John'과 AGREE를 할 수 있는 것일까? 말인 즉, 통사체의 가시성은 운용의 종류, 예를 들어, 그 운용이 LABEL이냐, AGREE이냐에 따라, 달라질 수 있음, 혹은, 달라져야만 한다는 것인데, 이에, 당연히 드는 의문은, 어떤 운용에 가시적이며, 또 어떤 운용에 비가시적인가, 나아가, '왜' 그런가 하는 것이다.

아쉽지만, 여느 쟁점들과 마찬가지로, 이 또한 독자의 상상, 혹

---

132 관련하여, Shim (2018)과 Murphy and Shim (2020)에서는 XP와 XP 둘 모두 LABEL에 비가시적이라 주장한다.

은, 연구 주제로 남긴다.

제5장 최소주의와 한국어

5.1 일치와 한국어

앞서 논의했던 최소주의의 여러 기제들을 상기시켜 보면, '일치 자질'이라는 것이 그 운용에 있어 꽤나 중추적인 역할을 담당하고 있었음을 알 수 있을 것이다 – 그도 그럴 듯이, AGREE는 물론이거니와, 자질 상속(FI) 및 표찰화(LABEL)의 경우에도, 일치 자질은 운용의 시발자이거나 주요 대상이었다. 이런 상황으로 인해 초래되는 부수적인 양상들 중 하나는, 연구자의 모국어가 '일치 현상(agreement)'이 뚜렷하거나 빈번한 언어라면, 최소주의 기제들의 논증에 있어서도 모종의 유리한 측면이 있다는 것이다; 그도 그럴 듯이, 일치 현상과 관련된 이런 저런 언어 자료들을 제시하면서, 각 기제들에 대해 논증을 펼치는 것이 상대적으로 더욱 용이할 수 있기 때문이다. 하지만, 이를 바꿔 생각하자면, 일치 현상이 전무하거나, 있다 하더라도 상당히 드문, 그런 언어를 모국어로 하는 연구자들에게는 적잖이 불리한, 혹은, 불편한 상황이 될 수도 있다는 것인데, 그 대표적인 예가 바로, 한국어를 모국어로 하는 연구자들이라 하겠다. 물론, 살펴보면, 한국어에도 일치 현상으로 의심되는 현상들이 (몇몇) 발견되기는 한다.

(1) a. 할아버지께서 산에 올라가셨다.
   b. #할아버지께서 산에 올라갔다.
   c. John love-s Mary.
   d. *John love Mary.

'일치 현상'이라 하여 한국어 데이터로 가장 흔히 등장하고 거론되는 것이 바로 (1a)에서와 같은 (선어말) 존칭 어미 '-시-'가 사용된 구문들일 것이다. 하지만, '-시-'와 '일치'를 동일시하기에는 제법 애매한 점이 있다: (1c-d)의 (영어의) 경우, 일치 자질의 음성적 실현은 의무적이다; 따라서, 일치가 실현되지 않은 (1d)는 단지 '어색한' 문장이 아니라, '비문법적(ungrammatical)'인 문장으로 판정된다. 하지만, 한국어의 경우에는, '-시-'가 음성적으로 실현되지 않은 (1b)의 경우, 비문이 아닌, 다만, 화용적(pragmatic)으로 어색한 문장이 된다. 따라서, '-시-'와 관련된 (한국어의) 일치 현상은 (순수) 통사부의 영역이라기보다, 화용적인 색채가 아주 짙어 보인다.

하지만, 눈을 좀 더 부릅뜨고 살펴보면, 영어와 여러 유럽 언어들의 경우처럼, 한국어에서도 (통사적) '일치'와 직접적으로 관련되어 있는 듯한 이런 저런 현상들이 발견된다. 우선, (2)의 부산말 자료들을 살펴보자.

(2) **Intended Meaning**

   a. 누가 먹었-노/*나?   'who ate (this)?'
   b. 누가 먹었-나/*노?   'did somebody eat (this)?'
   c. 뭐 먹었-노/*나?   'what did (you) eat?'
   d. 뭐 먹었-나/*노?   'did (you) eat something?'

(어말) 어미 '-노/냐'의 선택에 따라, 문장 속 대명사의 의미 해석이 달라진다. 즉, '-노'일 경우, 해당 문장의 대명사는 '의문 대명사'로 해석되어 (2a/c)는 'wh-의문문'이 되고, 반면, '-냐'일 경우에는 '부정 대명사'로 해석되어, (2b/d)는 'yes-no 의문문'이 된다.[133] 이는, 흔히 '보문소(Complementizer; C)'로 간주되는 어말 어미 '-노/냐'와 (대)명사 '누/뭐' 사이에 모종의 '일치' 관계가 성립함을 암시한다 하겠다.

Pak et al. (2004)에 제시된 자료들 역시 (통사적) 일치 현상의 또 다른 예가 될 수 있다.

(3) a. 저녁을 사-마.
    b. 저녁을 먹-자.
    c. 저녁을 먹어-라.

(3a)에서 생략된 주어는 1인칭 단수 '나'이고, (3b)에서는 1인칭 복수 '우리', 그리고 (3c)에서는 그 주어가 2인칭이다. 바꿔 말해, 각 문장의 어말 어미를 통해 (생략된) 주어의 추적/복구가 가능하다는 것인데, 이 역시, '-마'와 같은 어말 어미들이 C로 간주되는 것을 고려한다면, 한국어의 C 역시 (모종의) '일치 자질'을 보유한다고 볼 수 있을 것이다.

상기 언급한 자료들을 볼 때, 한국어에도 일치와 관련된 현상들이 마냥 없는 것만은 아니요, 눈을 부릅 뜨면, 영어 및 여러 유럽

---

[133] 대명사의 해석과 의문문의 종류를 결정하는 데에는 음성/음운적 특성, 즉, '높낮이 유형(pitch pattern)'도 큰 요인으로 작용한다.

언어들의 (통사적) 일치에 상응할 법한 이런저런 (소수의) 일치 현상들이 존재한다는 걸 알 수 있다. 따라서, 한국어 연구자들에게 필요한 것은 '불리하다'는 근거 미약의 푸념이 아니라, 눈을 좀 더 부릅떠야 하는 게 아닐런지.

5.2 격과 한국어

5.2.1 격 자질과 한국어

'점검 이론(Checking Theory)'을 기반으로 했던 초기 최소주의 시절, 그러니까 90년대 초/중반 즈음만 하더라도, 통사부의 각종 운용에 있어 중추적인 역할을 담당했던 요소들 중에 하나가 바로 격(Case), 혹은, 격 자질(Case Feature)이었다. 하지만, 시간이 흘러 2000년 즈음으로 접어들고, 점검 이론 체계가 '일치 이론(Agree Theory)' 체계로 수정/발전됨에 따라, 논의의 관심과 중심도 '일치 자질'로 옮겨가게 되었고, 그 결과, 격 자질에 대한 관심은 한 뒤켠으로 밀려나게 된다; 그도 그럴 듯이, '일치 이론' 틀 내에서 격이란, (일치 자질들 사이의) AGREE에 의해 명사구에 생겨나는 일종의 부산물, 혹은, 부수 현상(epiphenomenon)(쯤)으로 간주되기 때문이다.[134] 그렇게 뒤안길로 (한 걸음) 밀려나기 시작했던 격 자질

---

134 사실, 이런 관점 또한 쟁점이 있을 수 있다 - 그도 그럴 듯이, 격이라는 것이 도출 과정에서 (명사에) '생겨나는' 것이라면, 이는 포함 조건(Inclusiveness Condition)을 위배하는 것일테다; 어휘부에 없던 것이 추가되었기 때문이다. 물론, 격 자질을 명사의 본유적(inherent) 자질로도 볼 수 있을 것이요, 따라서, 격이란 도출 과정에서 '추가'되는 것이 아니요, 일치를 통해 그 값이 매겨질 뿐이라 주장할 수 있을 것이다. 하지만, 이 관점에도 문제가 따른다 - 앞서 3.2에서 살펴보았듯이, 값 매김은 비해석성 자질과 해석성 자질 간에 이루어진다. 그렇다면, (비해석성) 격 자질

의 위상(?)은 2020년 지금에까지도 회복될 기미가 크게 보이지 않는 상황인데, 이에, 한국어와 같이 격 자질의 음성적 실현과 생략이 (비교적) 뚜렷하고 빈번한 언어들이 격 자질의 본질을 밝히는데 기여를 할 수 있지 않을까 한다.

최소주의 틀에 따르자면, 격 자질은, CI에서는 언어 보편적으로 비해석성 자질로 간주되는 반면, SM에서의 해석성은 석연치 않은 부분들이 존재한다. 우선 (4)를 보자.

(4) a. **He bought milk.**
    b. 철수는 사과(를) 좋아한다.

'영어'에 국한시켜 말해보자 – (4a)의 'he'와 같은 대명사류들은 그 격에 따라 음성형이 달라진다. 따라서, 이런 양상만 고려한다면, 영어에서 격 자질은 SM에 반영되어야 하는, 즉, SM-해석성 자질로 볼 수 있을 것이다. 하지만, 격의 유형이 음성 형태에 영향을 미치지 않는 (예를 들어) 'milk'와 같은 명사류들을 고려한다면,[135] (i) 격 자질은 명사의 종류에 따라 SM-비해석성이 될 수도 있다고 보거나, 아니면, (ii) 격 자질의 SM-해석성 입장은 일관되게 유지하되, 'milk'류의 명사들의 경우, 격에 따른 음성 실현형이 '동일'하다고 간주할 수도 있을 것이다. 하지만, (4b)의 한국어와 같이, 격 자질의 음성 실현이 수의적인[136] 경우들을 고려하면, 상황은 좀 더

에 상응하는 '해석성' 격 자질은 무엇인가, 하는 것이다. 흥미로운 주제이지만, 더 이상의 논의는 생략한다.
135 격 유형들 중 '소유격'은 논외로 한다.
136 이어 살펴보겠지만, 한국어의 경우, 격 자질의 음성 실현이 아무런 제약 없이 순수하게 수의적인 것은 아니다.

복잡해진다 – 격 자질의 음성 실현이 수의적이니, (i) 격 자질은 SM-해석성일 수도 있고, 또 비해석성일 수도 있다고 간주하거나, (ii) 격 자질의 'SM-해석성'과 그것의 '음성 실현'은 별개의 문제라고 간주할 수도 있기 때문이다.

자, 이제, 한국어에 조금 더 초점을 맞춰 보도록 하자.

(5) a. 철수가 방에서 만화책을 읽고 있었다.
　　b. ?철수 방에서 만화책을 읽고 있었다.[137]

(5a)는 자연스러운 한국어인 반면, (5b)는 어딘가 모르게 어색함이 느껴진다. 그렇다면, 두 문장의 차이라고 해봐야, 주격 조사의 음성 실현 여부가 전부이니, 문법성의 차이 또한 격 조사의 음성 실현 여부에 있을 것이라 짐작할 수 있을 것이다. 자, 그러면, 이와 같은 문제를 이제 최소주의의 눈으로 한번 들여다 보도록 하자.

앞서 언급하였듯이, 최소주의 틀에서 격이란 AGREE로 인해 명사에 생겨나는 일종의 부산물 혹은 부수현상으로 간주된다. 이에, (5a)의 [철수가]도, (5b)의 [철수]도, 도출 과정에서 공히 AGREE에 참여했을 것이니, (적어도 통사부 내에서는) 값이 매겨진 격 자질, 즉, Case$_{[Nom]}$을 보유하고 있을 것이다; 둘의 차이가 있다면, [철수가]는 그 격 자질이 음성적으로 실현된 것이고, [철수]는 그렇지 않다는 것뿐이다. 그렇다면, (5b)가 비문인 이유는, (한국어의 경우) 격 자질은 음성적으로 반드시 실현되어야 하기 때문일까? 바

---

137 '철수의 방'이라는 의도가 아니다. 하지만, (5b)의 경우에도, 철수'와 '방' 사이에 평균 이상의 긴 휴지(pause)를 둘 경우에는 의도한 의미에 대한 이색함이 현저하게 줄어드는 듯하다.

꿔 말해, 한국어에서 격 자질은 SM에서 반드시 음성화가 이루어져야하기 때문일까? 그 대답은, 조금만 생각해 봐도 부정적이다. 그도 그럴 듯이, 한국어에는 격 자질이 음성적으로 실현되지 않더라도 어색하지 않는 (6)에서와 같은 구문들이 빈번하기 때문이다.

(6) a. 넌 밥-∅ 먹었니?[138]
    b. 나-∅ 이제 갈래.

자, 그렇다면, (5b)의 어색함을 추적하기 위해 이제 고려해 볼 수 있는 접합 층위는 CI 뿐인 듯한데, 앞서 언급하였듯이, 최소주의 틀에서 격 자질은 언어 '보편적'으로 CI-비해석성으로 간주된다; 이는, 격 자질 값의 차이가 해당 명사의 '의미' 해석에 아무런 영향을 미치지 않는다는 가정에 증거가 되어주는 (7)과 같은 자료들이 있기 때문이다.

(7) a. I expected *him* to attend the party.
    b. I expected that *he* would attend the party.

(7a)의 'him'은 목적격, (7b)의 'he'는 주격으로써, 각각의 격 자질 값은 다르지만, 그렇다고, 그 '의미'까지 달라지는 것은 아니다; 목적격의 'him'이든, 주격의 'he'든, '그'라는 어휘적 의미에는 아무런 변화가 생기지 않는다는 말이다. 따라서, 격 자질은 (의미 해석을

---

[138] 물론, 문맥에 따라 정도의 차이가 있겠지만, (6a,b)의 경우에는 격 조사가 음성적으로 실현될 경우, 되려 더 어색한 문장이 될 수도 있다. 이와 관련해서는 이어지는 5.2.2와 5.2.3에서 좀 더 살펴보도록 하겠다.

담당하는) CI 접합 층위로 전달되기 전에 제거되어야 하는 CI-비해석성 자질로 간주된다. 자, 그렇다면, SM에 있는 것도 아니요, CI와도 무관하다면, (5b)의 어색함은 도대체 어디서 비롯되는 것일까? 이에 대답하려면, 한국어에서 소위 '격 조사'라 일컬어지는 요소들에 대한 보다 근본적인 논의가 필요할 듯하다. 절을 바꾸어 살펴보도록 하자.

5.2.2 한국어의 (소위) 격 조사

학교 문법(및 국어학)에서는 '-이/가/을/를'을 흔히 '격 조사'로 분류하는데, 그러한 분류를 의심케 하는 자료들은 사실 부지기수다.

(8) a. 철수가 의사다.

    b. *철수 의사다.

소위, '주격 조사'[139]로 치부되는 '-가'가 붙은 (8a)의 [철수가]는 사실, '문장의 주어'라는 문법적 기능만을 담당하는 것은 아니다. 그도 그럴 듯이, (8a)는 (예를 들어) '다른 누구가 아니라 철수', 혹은, '이 중에 직업이 의사인 사람은 (다름 아닌) 철수'와 같은, 일명, '초점(Focus)'[140]이라 불리는 (정보 구조적) 의미가 함축되어

---

139 사실 (한국어의) '주격 조사'란 용어는 오해의 소지가 있다 - 격의 '형태'를 칭하는 'Nominative' Case를 의미하는 것인지, 아니면, (문장의) '주어'가 가지는 격, 즉, 'Subjective' Case를 의미하는 것인지 모호하기 때문이다. 본문에서는 별도의 언급이 없는 한, '후자'의 의미로 사용하겠다.

140 언어학에 등장하는 용어들 가운데 그 정의가 가장 불분명하고, 불투명한 용어 둘을 꼽으라면, 아마 '초점(Focus)'과 '주제(Topic)'가 아닐까 싶다 (전자는 종종 '강

있기 때문이다.141

(8b) 역시 '-가 = (단순) 격 조사'라는 등식에 의심을 더한다. 앞서 (4b) = '철수는 사과(를) 좋아한다'를 통해서도 살펴보았듯이, 격 조사의 음성 실현은 한국어의 경우 수의적이다. 하지만, (8b)에서와 같이, 격 조사의 음성 실현 여부가 문법성에 영향을 미치는 사례는 격조사의 음성 실현 수의성에 아무런 제약이 없는, 말 그대로, '순수하게' 수의적인 것은 아님을 보여준다. 한 마디로, (8)에서와 같은 사례들은, '-이/가'와 같은 요소들을 단순한, 혹은, 순수 '격 조사'로만 치부하기에는 석연치 않은 구석이 있음을 시사하는 것이요, 동시에, 격 자질은 해당 명사의 의미 해석에 전혀 기여하지 않는다, 즉, 언어 보편적으로 CI-비해석성이라는 최소주의의 가정 역시 재고의 소지가 있음을 보여준다 하겠다.142 아울러, 아래 (9c-g)에서와 같은 구문들은 '-이/가 = (주)격 조사'라는 등식과 격 조사 출현의 (무조건적인) 수의성에 대해 또 다른 의구심을 던져준다.

조'라고도 번역된다); 그도 그럴 듯이, 관련 연구자가 백이라면, 각 용어와 관련된 그 정의 또한 백가지인 실정이다. 상황이 이렇다 보니, 그 정의의 불분명함을 악용하여, 뭐다 하면 '초점'이요, 또 뭐라 하면 '주제'라 하여, 얼렁뚱땅, 두리뭉실 논의의 본질을 얼버무려 덮어 버리는 연구자들도 부지기수다. 하지만, 상황이 그럴수록, 본인이 말하고자 하는 '초점'과 '주제'의 의미만큼은 명백히 정의해 두고 시작해야 할 것이다 - 그래야만 논의다운 논의가 가능하기 때문이다.

141 따라서, (8a)는 '이 중에 누가 의사야?'는 질문에 대한 대답으로는 가능하지만, '철수는 직업이 뭐야?'라는 질문의 대답으로는 적법하지 않다. '정보 구조 (Information Structure)'와 관련해서는 5.2.3을 참조하라.

142 (8a)의 '철수가'가 가지는 '초점' 의미와 관련하여, 격이 아닌 다른 관점에서의 접근도 가능하다. 예를 들어, 술어(predicate)의 문제, 즉, '개별-층위 서술어 (Individual-level predicate)'와 '단계-층위 서술어(Stage-level predicate)'의 차이에서 발생하는 문제로도 접근해 볼 수 있는 것이다. 관련하여, Carlson (1977), Chierchia (1995), Kratzer (1995), Milsark (1974)를 보라.

(9) a. He stole it from me/*I.

　　b. She was mad at him/*he.

　　c. 여기(*를)-부터(-*를) 뜯어 봐.

　　d. 철수는 피자(를) 먹었다.

　　e. 여기서(*가)-부터-가 우리 땅이다.

　　f. (밑이라기보다) 위(-*가)-에-가 더 불안하다.

　　g. 나는 여름이 더 좋다.

(9a,b)에서 알 수 있듯이, 영어의 'from', 'at' 등과 같은 어휘들은 전치사로 분류되어 자신의 보충어에 목적격을 할당한다. 이에, 그에 (의미적으로) 상응하는 한국어의 '-부터'나 '-에'와 같은 어휘들 역시 (영어의 전치사에 상응하는) 후치사(postposition)로 간주해 본다면, '-부터'와 '-에' 역시 자신의 보충어에 목적격을 할당할 것 이라는 추론이 가능하다. 하지만, (9c)에서 알 수 있듯이, '-부터' 의 보충어인 '여기'에는, 선행이든 후행이든, 목적격 조사의 음성 실 현이 불가능한데, 이는, 보충어 목적격 조사의 음성적 실현이 수의 적인 (9d)와는 대조를 이룬다.143 하지만, 또, (9e,f)와 같은 구문 들의 경우에는 사뭇 다른 양상이 관찰된다; 비록, 후행에 한정되지 만, 주격 조사 '-가'의 음성 실현이 '-부터/-에'와 양립이 가능하 기 때문이다.144 (9g)는 '-이/가'가 격 중에서도 '주격'을 표시한다 는 가정에 의구심을 던지게 만든다; (의미상) '목적어'인 '여름'과

---

143 학교 문법 및 국어학에서는 '-부터'와 '에'를 격 조사의 한 부류로 취급하여, 흔 히 '부사격 조사'라 일컫는데, 이는 '궁여지책'의 분류(taxonomy)일 뿐, 그 이상의 의 의는 없다 하겠다.
144 사실, (9f)의 경우에는 '-가'의 음성 실현이 '가능'하다기 보다, '필수'라고 여겨 진다.

함께 등장하기 때문이다.[145]

상기 언급한 자료들 외에도, '-이/가/을/를'이 (단순) 격 조사가 아닐 가능성을 시사하는 자료들은 도처에 넘쳐난다. 이에, '-이/가/을/를'에 대한 보다 근원적인 논의와 그에 따른 분석은 물론이거니와, '조사'라는 이름으로 얼렁뚱땅 한 바구니에 우겨 넣은 듯한 각종 명사 어미들에 대한 근본적인 (진지한) 고뇌도 필요할 것이다. 이에, 이어 살펴볼 '정보 구조(Information Structure)'와 관련된 연구들이 해결안의 실마리를 제공해 줄 수 있지 않을까 생각한다.

5.2.3 정보 구조와 한국어

우선 아래 문장들부터 살펴보자.

(10) a. 저 남자가 목수다.
　　 b. 저 남자는 목수다.

(10a)와 (10b)의 '명제적(Propositional)' 의미는 동일하다; 즉, 두 문장 모두, 그 핵심 의미는 '저 남자(의 직업) = 목수'라는 것이다. 하지만 그럼에도, 한국어 화자라면 두 문장에서 모종의 어감 차이를 직감할 수 있을 것인데, 그도 그럴 듯이, '저 남자 직업이 뭐야?'라는 질문에 '-는'이 들어간 (10b)는 자연스러운 대답이 될 수 있

---

145 '주격' 조사라 일컬어지는 '-이/가'가 (주어가 아닌) 목적어와 함께 사용되는 것은 '좋다'와 같은 소위 '심리 술어(Psych Predicate)' 구문에 아주 흔한 현상이다 (예, 나는 비둘기가/*비둘기를 무서워). 아울러, (9g)와 같은 경우에도, 격 조사 '-이'의 음성 실현은 수의적이라기보다 필수인 듯하다.

지만, '-가'가 들어간 (10a)는 (상당히) 어색하다; 반대로, '이 남자가 목수야, 아니면, 저 남자가 목수야?'라는 질문에는 (10b)가 아닌 (10a)가 자연스럽다. 이와 같이 명제적 의미는 서로 동일할지라도, 그 함축적 의미에서 발생하는 모종의 차이를 일러, 언어학에서는 (두 문장의) '정보 구조(Information Structure; IS)'적 차이, 또는, '정보 포장(Information Packaging)'의 차이라 부른다; 정보는 동일하지만, 그 포장된 방식이 다르다는 의미다.

언어학 내에서는 1920년대 즈음부터 본격적으로 다루어지기 시작한 IS 관련 연구들은 그 자체만으로 하나의 언어학이라 해도 과언이 아닐 만큼, 실로 방대한 분야라 하겠다.[146] 아울러, IS 연구의 뼈대라 할 수 있는 '주제(Topic)'와 '초점(Focus)' 관련 현상들은 지난 100여 년 동안 언어학 각 분야의 실로 수많은 연구자들의 끊임없는 주목을 받아왔다.[147] 허나, 그 장구한 역사와 방대한 연구에도 불구하고, '주제'와 '초점'은 오늘날에까지도 잡힐 듯, 잡힐 듯, 좀처럼 잡히지 않는, 그런 뿌연 안개 속의 영역으로 남아 있는 실정이다.[148]

생성 문법 내에서 '주제'와 '초점'에 대해 본격적으로 논의되기 시작한 것은, 상대적으로 근래라 할 Rizzi (1997)가 나온 90년대

---

146 IS와 관련된 언어학 연구의 본격적 시작으로 흔히 1920년대의 '프라그 기능주의 언어학파(Prague School of Functional Linguistics)'를 거론하며, 그 중심 인물로 Vilém Mathesius(1882-1945)를 꼽는다. IS의 역사적 개관에 대해서는, Vallduví (1990)을 참조하라.
147 '주제'와 '초점'에 더해, 근래에는 '대조(Contrast)'에 대한 연구가 활발하다.
148 상황이 그러한 이유들 중에 하나는, '주제'와 '초점'에는 어느 특정 영역만의 문제가 아닌, 음운, 통사, 의미, 화용, 담화 등을 총망라하는, 실로 광범위한 요인들이 얽히고 설켜 있기 때문일 것이다. 그 결과, 관련 연구자가 백이면, 각 용어에 대한 정의들도 백 가지인 상황이다.

중후반 즈음부터였다. IS 전체 연구에 비하면 꽤나 늦은 출발이었지만, 그럼에도 이제 20여 년의 세월이 축적된 셈이다. 그렇다면 그동안의 성과는 어떨까? – 결론부터 말하자면, IS에 대한 타 분야들의 상황과 별반 다를 바가 없다; 여전히 미궁 속이다.149

자, 그럼 이제, (10)을 다시 살펴, IS에 대한 논의를 좀 더 이어가 보도록 하자.

(11) a. 저 남자가 목수다.　　(= **10a**)
　　 b. 저 남자는 목수다.　　(= **10b**)

앞서 간략하게 언급했던 바, (11a)와 (11b)의 차이는 각각의 명제적 의미가 아니라, 서로 다른 정보 구조에 있다 했다. 그렇다면, 그 정보 구조의 차이란 두 문장의 (유일한) 차이, 즉, '–가'와 '–는'에서 비롯되는 것이라 추측할 수 있을 것인데, 이에, '–이/가(/을/를)'를 일러 '초점 표지(Focus Marker)', '–은/는'을 일러 '주제 표지(Topic Marker)'라 부른다150,151; 말인 즉, '–이/가'의 정체는 (단순) 격 조사가 아니요, 초점(해석)을 표시하는 정보 구조적 장치라

---

149 IS 관련 연구는 통사론 연구자들보다 (상대적으로) 의미론 연구자들이 즐겨 논의하는 주제다.

150 각주 140에서도 언급했던 바, '주제'와 '초점'은 그 명확한 정의조차 미궁인 상황이다. 이에, 본문에서는 그나마 보편적이라 할 관례를 따라, 'X에 대해서 말하자면(Speaking of or As for X)'으로 바꿔 해석될 수 있는 요소를 일러 '주제'라 하고, 반면, '의문사'에 대한 대답으로 사용될 수 있는 요소들을 '초점'으로 간주하겠다.

　　(i) 철수는 이 반 반장이다' = '철수에 대해서 말하자면, 그는 이 반의 반장이다.' ('철수' = 주제)
　　(ii) 이 반 반장이 누구야? '철수가 반장입니다' ('철수' = 초점)

151 '–은/는'과 관련된 '대조(Contrast)' 해석은 논외로 하겠다. 관심 있는 독자는 각주 158과 그와 관련된 Shim (2015)를 참조하라.

는 것이다.152

(12) a. 너 밥 먹었니?
　　b. 너가 밥을 다 먹다니. (vs. 너 밥 다 먹다니.)
　　c. 그래서 너는 밥을 먹었다는거니, 안 먹었다는거니?
　　　(vs. 그래서 너 밥 먹었다는거니, 안 먹었다는거니?)

(12a)에서처럼, 격 조사가 음성적으로 실현되지 않은, 그럼에도, 자연스러운 문장들을 들어, '한국어는 격 조사의 생략이 가능하다'라 결론내리는 경우들을 종종 볼 수 있는데, 반은 맞고, 반은 의심스러운 결론이라 하겠다. 물론, (12a)와 같은 사례들만 보면, 격 조사의 (음성적) 생략이 가능하다는 말은 사실이다. 하지만, (12b)와 같은 사례들을 본다면, 또 마냥 그렇다고 보기는 힘들다 – 격 조사가 생략된 '너 밥 다 먹다니'는 비문이라 해도 좋을 정도로 상당히 어색하기 때문이다. 마찬가지로, '–는'과 '–을'이 생략된 (12c) 역시도 상당히 어색하다.153

　자, 이제, '주제/초점'과 관련된 '구조적'인 문제들로 시선을 돌려보도록 하자 – 관련해서, 크게 아래의 두 진영(camp)이 있다.

---

152 제 3의 분석도 가능하다 – 즉, 격 조사임과 '동시에' 주제 또는 초점 표지의 역할까지 겸한다고도 볼 수 있는 것이다.
153 볼진대, (12)와 같은 사례들은 '격 조사는 생략이 가능하다'와 같은 단순 접근이 아니라, 격 조사는 '초점'의 의미를 내포함으로, 그런 의미, 즉, '초점' 의미를 표현코자 할 경우에는 (반드시) 음성적으로 실현이 되어야 하고, 그 반대일 경우에는 (반드시) 실현시키지 말아야 한다는 접근 방식이 더욱 타당한 듯하다.

(13) a. **Cartography Approach:**

Topic Phrase (TopP), Focus Phrase (FocP), [±top], [±foc]

b. **Configurational Approach**

(13a)는 Rizzi를 중심으로 하는 흔히 '지도 제작(Cartography)'[154] 이라 불리는 진영으로써, 아래 (14a)에서와 같이, 기존의 CP 영역 내부를 쪼개어, 그 안에 '주제'와 '초점'을 전담하는 구(Phrase), 혹은, 투사(Projection)를 따로 상정하고, (14b)에서처럼 관련된 요소들에도 '주제'와 '초점'이라는 자질(feature)을 할당한다 (Fin = Finiteness).

(14) a. CP → ForceP (TopP) (FocP) FinP [IP ...

b. NP[+top]

바꿔 말해, '지도 제작' 진영의 입장은, '주제'와 '초점'은 ('어휘부' 와) '통사부'에서 이미 그렇게 세팅이 된 채로 각 접합 층위로 전달 된다는 것이다.

반면 (13b)의 '형상 진영'에서는 TopP와 FocP와 같이 주제와 초점(만)을 전담하는 투사를 (어휘부와) 통사부에 따로 상정하지 않는다 (Neeleman et al. 2009, Shim 2015); 형상 진영 연구자들 의 입장을 따르자면, '주제'와 '초점'은 '(어휘부와) 통사부'에서 미 리 그렇게 세팅이 완료되어 접합 층위로 전달되는 것이 아니라, 해

---

154 CP 영역의 내부 구조를 (보다) 상세하게 묘사한다는 취지에서 '지도 제작'이라는 별명이 붙었다. 아울러, CP는 구조상에서 가장 상위 (혹은 가장 '왼편')에 등장하는 요소로써, 일러, '왼쪽 가장자리(Left Periphery)'라는 용어도 자주 볼 수 있다.

당 요소의 '구조적/형상적' 위치, 또는, 구조상의 다른 요소들과의 위계(Hierarchy) 관계에 따라, 접합 층위에 의해서 '주제'와 '초점'으로 해석되는 것이라는 것이다.

볼진대, 언급한 두 진영들 중, 영향력이 더 큰, 따라서, 관련 연구의 양이 더 풍부한 쪽은 (아직까지) '지도 제작' 진영이라 하겠다. 그러한 위세(?)에는 여러 가지 이유들이 있겠지만, '주제'와 '초점'의 분석을 위해 연구자가 (나름 자유롭게) 이용할 수 있는 도구, 즉, TopP/FocP, [±top]/[±foc]과 같은 투사와 자질들을 상정한다는 이유도 큰 이유가 될 것이다.[155] 하지만, 연산적 효율성, 나아가, 최소주의 정신을 생각한다면, 후자의 '형상 진영'이 (태생적으로) 좀 더 타당한 방향이 아닐까 싶다; 그도 그럴 듯이, TopP/FocP 등을 상정하지 '않고도' 초점과 주제 해석을 다룰 수 있다면, 그것이 더 '최소주의'일 것이기 때문이다. 아울러, Chomsky et al. (2019: 237) 또한 형상 진영의 입장과 맥을 같이 한다.

(15) IC[Inclusiveness Condition] bars introduction of features that are not inherent to lexical items, such as the discourse-features (topic, focus, etc.) assumed in the cartographic tradition[.]

'포함 조건(Inclusiveness Condition)'은 어휘의 본유적 자질 이외의 자질을 (통사부의) 도출 과정에서 (임의로) 추가하는 것을 금지하는 조건이다. 이에, Chomsky et al. (2019)는 '주제(Topic)'와 '초점(Focus)' 역시 그와 같은 '추가적인' 자질들로 간주하여, 그 도입

---

155 해서, (예를 들어) FocP를 CP 영역뿐만 아니라 v*P 영역에도 추가로 상정하는 분석들도 흔하고, 심지어는 너무 '남발하는'듯한 분석들도 적지 않다.

과 사용을 포함 조건을 위배하는 것으로 간주한다.[156] 그도 그럴 듯이, (예를 들어) 명사구는 문장 속에 등장하여 주제 또는 초점으로 해석'되는' 것이지, 그 명사구가 '원래부터' 주제/초점인 것은 아니기 때문이다. (16)이 이를 증명한다.

(16) a. [회는] [철수가] 잘 먹는다.
      b. [철수가] [회는] 잘 먹는다.

(16a,b)에 등장하는 명사구 '회'는 공히 '-는'과 결합돼 있지만, 그 해석은 서로 다르다 – (16a)에서는 '주제'의 의미를 가지는 반면, (16b)에서는 '(대조) 초점'[157]의 의미를 가진다. 둘의 차이는 오히려 구조상의 위치에서 발견되는데, 이는, '주제'와 '초점' 관련 해석에 있어, 해당 명사구의 구조적 위치가 모종의 (중요한) 역할을 하고 있음을 시사하는 것일 뿐만 아니라, '-는'의 정체가 (단순) '주제' 표지가 아닌, 다른 무엇일 수 있음을 암시하는 것이라 하겠다.[158]

  마찬가지로, 동일하게 '-가'가 붙었지만, (16a)의 '철수'는 '초

---

156 생성 문법의 틀이 최소주의로 성장.발전하면서 '자질'의 활용 빈도 또한 급증했는데, 그와 함께 자질의 '남용' 사례 또한 증가했다; 말인 즉, 분석에 용이하다면 아무 자질이나 만들어내어 이리저리 사용하는 사례들이 우후죽순 등장한 것인데, 그 대표적인 예로 '뒤섞이 자질(Scrambling; Scr)'을 들 수 있겠다. 이에, 포함 조건은 그와 같은 인위적인 혹은 작위적인 자질의 무분별한 남용을 막는데도 큰 역할을 담당한다 하겠다.
157 '주제'와 '초점'은 '대조'와 연결되어, '대조 주제(Contrastive Topic)', '대조 초점(Contrastive Focus)'등으로 더욱 세분화 되기도 한다.
158 이에, Shim (2015)는 한국어의 '-은/는'을 ('주제'가 아닌) 대조 표지(Contrast Marker)'로 분석하고, 명사구의 주제/초점 해석과 관련된 기준점 역할을 한다고 주장한다.

점'으로 해석되는 반면, (16b)에서는 또 '주제'로 해석된다; 이 역시, '주제'와 '초점'이 해당 명사가 본유적으로 지니고 있는 의미가 아니라, 해당 명사의 구조 형상적 위치에 따라 '획득'하게 되는 정보적 의미임을 시사한다 하겠다.

이상, (정말) 간략하게 살펴본 정보 구조의 '주제'와 '초점'은, 소위 격 조사로 취급되는 한국어의 '-이/가/을/를', 그리고, (정체모를) '특수 조사', 또는, '보조사'로 불리는 '-은/는'의 본질을 파악하는데 훌륭한 틀이 될 수 있을 것이라 생각된다.[159]

5.3 한국어 연구의 뼈대: 꼬리들의 전쟁

5.3.1 명사 소사

이론의 틀이 어떻게 변모해 왔든, 그 시작부터 오늘에 이르기까지 생성 문법 60년 사를 관통하며 중추적인 역할을 해 온 단 하나의 현상/기제를 꼽으라면, 그건 바로 '이동(movement)'일 것이다. 나아가, 그 이동과 관련된 핵심 요소를 또 하나만 꼽아 보라면, 그건 바로 '명사(구)', 즉, '명사(구)의 이동(NP-movement)'일 것이다. 그런데, 이토록 중요한 '명사(구)'와 관련된 그동안의 한국어 연구를 볼라치면, 백가쟁명이요, 제자백가의 형국이다; 각양각색의 제안

---

159 허나, '굴이 회수를 건너면 탱자가 된다'는 말이 있듯이, 정보 구조 또한 별의별 하위 개념들로 쪼개어 분석하는 연구들이 허다한데, 그렇게 되면, 그 무늬만 정보 구조로 바꾸었을 뿐, 그 속은 여전히 '분류학(taxonomy)'이 돼버리고 만다. 이는 곧, Chomsky 교수가 말하는 '문제에 대한 그저 다른 서술(restatement of a problem in other terms)'일 뿐인 것이다. 물론, 그러한 분류가 무의미한 것은 (절대) 아니지만, 그렇다고 언어학 연구의 종착점이 되어서도 안 될 것이다.

들은 많으나, 각양각색의 제안들'만' 많을 뿐이요, 이설(異說)들만 가득할 뿐, '통설'이라 부를만한 그런 토대는 여태껏 마련되지 않았다는 것이다. 따라서, 누군가 명사구와 관련된 연구를 할라치면, 밑바닥부터 매번 새로 시작해야 하는 수고가 따르고, 이는 곧 '발전'의 부재와 실종으로 이어진다; 따라서 그 형국은 늘 다람쥐 쳇바퀴가 된다. 상황이 이와 같은 데에는 여러 가지 이유들이 있을 것인데, 그 중에 가장 큰 이유는, 한국어의 경우, 소위, 명사 소사(Nominal Particle)라 일컬어지는 요소들이 달라붙어 명사구의 구조를 복잡하게, 혹은, 애매하기 만들기 때문일 것이다. (17)을 살펴보자.

(17) [철수-가]

앞 절에서도 살펴보았듯이, (17)의 '-가'와 같이 명사류에 붙는 꼬리들의 경우, 학교 문법 및 국어학에서는 (일반적으로) 하나의 독립된 '품사', 즉, '(격) 조사'로 분류한다. 반면, 생성 문법에서는 그와 같은 꼬리들을 일러, 독립된 품사의 지위가 아닌, 도출 과정에서 명사에 부여되는, 혹은, 생겨나는 '(격) 자질'(의 음성적 실현으)로 간주한다. 이와 같은 입장의 차이는 꽤나 의미심장한 분석의 차이로까지 이어지는데, 우선, 후자, 즉, 생성 문법 입장의 경우, (17)의 [철수-가]는 ('-가'가 따라 붙지 않은) [철수]와 다를 바 없는 하나의 '명사구(NP)'다; [철수-가]와 [철수]의 차이가 있다면, 격자질의 음성적 실현 여부뿐이기 때문이다. 하지만, 전자, 즉, '-가'와 같은 소사(particle)들을 '조사'라는 '독립된 범주'로 간주하는 학

교 문법 및 국어학의 관점에서는, [철수]는 '명사구'이지만, [철수
가]는 '조사구'가 될 것이다 (조사구를 편의상 KP = Kase Phrase
로 표기하겠다).

(18) [[철수 NP]-가 KP]

물론, 전자의 입장에서도 [철수-가]를 ([철수]와 동일하게) '명사
구'로 분석할 수 있겠지만, 그럴 경우, '조사'라는 '독립된 범주'를
그에 선행하는 또 다른 '독립된 범주', 즉, '명사'와 구조적으로 어
떻게 연계시킬 것인가 하는 문제를 해결해야 한다. 뿐만 아니다.

(19) a. [[철수]-는 KP]
     b. [[가을]-에 KP]

(학교 문법 및) 국어학의 견해를 따르자면, (18)의 '-가'와 마찬가
지로, (19a,b)의 '-는'과 '-에' 역시, 각각 '특수 조사/보조사'와 '처
소격 조사'로써, 이 또한 '독립된 품사'로 분류된다. 그렇다면,
(19a,b) 역시 하나의 '조사구'일텐데, 상황이 이쯤 되면, 한국어의
경우, 어지간한 문장 성분들, 특히 명사 소사160가 붙은 요소들은
모조리 조사구라 해야 할 지경이 돼 버린다. 어디 그 뿐인가 - 아

---

160 잘 모르면, (학교) 영문법에서는 '부사' 혹은 '부사구'라 하고, 언어학에선 '소
사' 혹은 '조사'라 한다는 우스갯소리가 있다. 참고로, Lee (2007)에 의하면, 표준 국
어 대사전에 등록된 명사 소사, 즉, '조사'의 수는 무려 140여개에 달한다고 한다 -
치느걱 조시니, 특수 조시니 히면서, 제 이무리 쪼개어 분류해 놓는다 하더라도, 말
그대로 '분류(taxonomy)'일 뿐, 설명과는 거리가 멀다.

래 (20)에서와 같이 이중, 삼중의 조사구가 형성되는, 일명, '조사
구 중첩'이라는 신비한 구조마저 탄생하게 된다.[161]

(20) a. [[[가을]-에 $_{KP}$]-는 $_{KP}$]
　　　b. [[[[여기]-서 $_{KP}$]-부터 $_{KP}$]-가 $_{KP}$]

생성 문법의 입장이라고 해서 상황이 더 나은 것도 아니다.

(21) a. [철수-가 $_{[Nom]}$ $_{NP}$]
　　　b. 철수-는
　　　c. 가을-에

생성 문법의 관점에서 보자면, (21a)의 [철수가]는 명사구이며, 붙
어있는 소사 '-가'는 명사 '철수'가 지닌 격 자질의 음성 실현으로
간주한다. 자, 그렇다면, (21b)의 [철수는]의 구조는 어떻게 될까?

(22) a. 철수가 일본어-는 잘 한다.
　　　b. 철수가 학교에서-는 활발하다.

(22a)는 소사 '-는'을 '주격'과 동일시할 수 없음을 보여준다. 그
리고 (22b)에서 알 수 있듯이, '목적격'과도 무관하다. 이에, 둘 사
이의 공통점을 찾자면, '격'이 아니라, 오히려, '대조(Contrast)'라는

---

161 물론, '신비함'은 과장된 표현이다 - 문제의 핵심은, 그것이 과연 (제대로 된)
'설명(explanation)'인가 하는 것이다.

(어휘적) 의미라 하겠다; 즉, (22a)의 경우, (예를 들어) '영어는 잘 못하지만, 일본어는 잘한다'와 같은 대조의 의미를 함축하고 있고, (22b)는 '집에서는 그렇지 않지만, 학교에서는 활발하다'와 같은 대조의 의미를 함축하고 있기 때문이다. 그렇다면, 소사 '-는'의 정체는 명사 '철수'가 지닌 격 자질의 음성적 실현이라기보다, ('대조'라는) 어휘적 의미를 지닌 독립적인 요소일 가능성이 농후하다.

사실, 소사 '-은/는'은 '-이/가'와 더불어, 아니, 어쩌면, '-이/가' 보다도 더 많은 연구량을 자랑하는 주제일 것이다. 모르긴 몰라도, 한국어 관련 (통사) 논문들을 주제별로 총망라 해 본다면, 1, 2위를 다투는 주제라 할 만큼, 수많은 연구자들에 의해 오랫동안 탐구되어 온 소사가 바로 '-은/는'인 것이다. 허나, 그럼에도, 이렇다 할 통설은 아직까지 마련되지 않은 상태 - 해서, 본 절의 주제와는 다소 어긋나는 느낌이 있음에도, 이왕 이야기를 꺼냈으니, '-은/는'에 대해 조금만 더 썰을 풀어보도록 하자.

(22)에서도 보았듯이, '-은/는'은 격과는 무관하다, 바꿔 말해, '-은/는'이 격 조사가 아니라는 것은 사실에 가까운 판단이라 하겠다. 아니나 다를까, '-은/는'은 실로 다양한 요소들과 연결되어 등장할 수 있다.

(23) a. 문제를 풀기-는 풀었다.
　　 b. 너무 급하게-는 먹지 마라.

(23a)의 '풀기-는'을 본다면, '-은/는'은 (순수) 명사뿐만 아니라, '명사와'된 요소와도 공기(co occurrence)가 가능한 듯하다. 하기

만 또 (23b)와 같은 사례들을 보면, '-은/는'과 '명사(화)'라는 조건은 그리 큰 상관관계가 없는 듯하다; 그도 그럴 듯이, 부사인 '급하게'와도 공기가 가능하기 때문이다. 사실, '-은/는'은 언급한 명사와 부사뿐만 아니라, 훨씬 다양한 요소들과도 공기가 가능하다.

(24) a. 철수가 문제를 풀었다고-는 말했지만, ...
     b. 그렇게 놀기만 하며-는, 나중에 큰 코 다친다.

(24a)의 '풀었다'는, 명사도 부사도 아닌, 분명 하나의 '절'이다. 그럼에도 '-는'과의 공기가 가능하다. (24b)는 애매하다; '-는'과 연결된 요소의 성질이 무엇인지 콕 집어 말하기 힘들기 때문이다. 아울러, '하며-는'은 '하면'으로도 표기가 가능한데, 후자의 경우, '며'에 붙은 '-ㄴ'이 '며는'의 축약형인지, 아니면, 상관없는 다른 무엇인지도 분명치 않다.162 관련하여, (25)와 같은 사례들은 상황을 더욱 복잡하게 만든다.

(25) a. 떠나-는 사람
     b. 떠난 사람

(25a)의 '떠나-는'은 (지금 현재) '떠나고 있는', 또는, (앞으로) '떠날'의 의미다. 반면, '-ㄴ'만 붙은 (25b)의 '떠난'은, 말 그대로, '이미' 떠난 사람을 의미한다. 말인 즉, '-ㄴ'을 '-는'의 축약형으로

---

162 규범 문법의 정점, 혹은, 소굴이라 할 수 있는 국립국어원에서조차도 '-며는'과 '-면은'의 차이와 구분에 대해 모르쇠의 입장이다.

간주하는 것이 그리 간단한 일이 아님을 보여주는 것이다.163

의문들만 남겼지만, 여기서 마무리 하도록 하자 - 소위, 명사 소사(particle)라는 이름으로 한데 묶어 불리는 '-가/을/에/는' 등과 같은 요소들을 무엇으로 간주하느냐에 따라, 명사구 구조에 대한 분석이 상이하게 달라질 수 있다는 것인데, 앞 절에서 언급했듯이, 명사 소사와 관련해서는 각양각색의 (혹은 갈팡질팡의), 그렇고 그런 이견들만 만연할 뿐, '토대'라 부를만한 지배적인 분석은 마련되지 않은 실정이다; 명사 소사에 대한 토대가 없으니, 명사구 구조에 대한 토대 역시 세워질 리 만무하다. 많은 연구자들의 더욱 깊은 고뇌가 요구되는 영역이라 하겠다.

5.3.2 어미

한국어 연구에 있어, 앞서 살펴본 명사 소사들만큼이나 중추적인 주제를 꼽으라면, 그건 바로 서술어에 붙는 각양각색의 꼬리들, 소위, '어미'라 불리는 요소들일 것이다. 모든 어미들을 두루 다 살펴볼 수는 없으니, (26)의 '-다'/'-고'를 중심으로 이야기를 펼쳐보자.

(26) a. 철수가 어제 외박을 했-다-고 말했-다.
　　 b. 철수가 어제 외박을 했-다-고 말했-니?

---

163 필자의 짐작이지만, '철수-는'과 같이 '명사'에 연결된 '-은/는'과, (24a)에서와 같이 '절'에 연결된 '-은/는', 그리고, (25a)에서와 같은 '-은/는'은, 어쩌면 그 뿌리가 같을지도 모른다.

(26a)의 (어미) '-다'는 해당 문장이 (예를 들어) 의문문인지, 평서문인지, 그 문장형을 결정하는 '서법(Mood)' 표지로써, 학교 문법 및 국어학에서는 (흔히) '종결 (혹은 어말) 어미'라 불리고, 생성 문법에서는 '보문소(Complementizer; C)'라 일컬어진다. 자, 그렇다면, 우선 '종결 어미'라 하는 분석부터 살펴보자.

'종결 어미'란, 그 이름이 말하듯, 문장의 맨 마지막에 등장하는 요소들을 가리킨다. 하지만 이는, (26a) 모문의 '말했-다'에서는 사실이지만, (종속절의) '했-다'에서는 적용되지 않는다; '-다'로써 문장이 종결되는 것이 아니라, 그 뒤에 '-고'가 뒤따르고 있기 때문이다.[164] 자, 그럼, '-다'는 대체 무엇이고, '-고'는 또 무엇일까?

학교 문법 및 국어학에서는 '했다-고'의 '-고'를 일러 (흔히) '인용격 조사'라 칭하는데 - 그렇다! 또 '조사'다 -, 이와 같은 주장은 문제를 해결하는 것이 아니라, 더 많은 문제들을 야기할 뿐이다. 그도 그럴 듯이, '-고'를 인용격 조사로 보게 되면, (26)의 [... 외박을 했다고]는 '조사절'이라는 유례를 찾기 힘든 정체불명의 성분이 돼버릴 뿐만 아니라, '인용격'과 같이, '격'이라는 용어를 이곳저곳 마구잡이로 남발하기 시작하면, '격'이란 것의 본질마저 무의미해져버린다.[165]

---

164 물론, '문장(sentence)'과 '절(clause)'은 다르다. 따라서, (26a)의 '문장 전체'는 '-다'로 끝났으니, '-다'를 종결 어미로 볼 수도 있을 것이다. 하지만, 이 경우에조차도 종속절 '했-다-고'의 '-다'에 대한 설명은 여전히 요구된다.

165 '-고'는 인용격 조사, (앞서 살펴보았던) '-는'은 특수 조사라 한다면, 아래와 같은 문장 역시 조사 중첩 구조가 된다.

(i) 철수는 영희가 아침을 먹었-다-고-는 말했지만 ...

학교 문법 및 국어학에는 이 외에도 별의별 '격'이 다 등장한다 - '부사격', '호격', '서술격', 등. 이쯤 되면, '소사' 혹은 '부사'와 마찬가지로, '격' 또한, 설명하기 까다자, 그럼, '-다'와 같은 요소를 C로 간주하는 생성 문법의 상황은 어떨까? 결론부터 말하자면, 생성 문법의 연구 또한 갈팡질팡이긴 매한가지다; '-다'를 C로 본다 하더라도, [했-다-고]의 '-고'와 관련된 문제들은 여전히 유효하기 때문이다. 이에, 어떤 연구자들은 '-다'와 같은 요소들에 대해, '서법구(Mood Phrase)'라는 독립 범주를 따로 상정하여 그 핵으로 간주하는가 하면(Cho 1995), 또 어떤 연구자들은 '-고'의 생략 가능성을 '격 조사'의 생략 가능성과 연계지어 또 다른 '격 조사'로 간주하기도 한다 (cf. Jeong 1999, Lee 2005). 그리고, '-다'와 '-고'를 C가 가진 자질들의 음성적 실현으로 분석하는 Shim (2018)과 같은 주장도 있다. 이렇게 다양한 이견들이 등장하고 거론되는 것은 마땅히 반길 일이지만, 아무런 토대 없이, 언제까지 이렇게 설왕설래만을 반복하고 있을는지를 생각하면, 못내 아쉬운 부분이기도 하다.

로운 것들을 구겨 모아두는 또 하나의 쓰레기통이 될 뿐이다.

제6장

Chomsky et al. (2019) 쟁점

이번 장은 Chomsky, Gallego, and Ott (2019, 이하, CGO)의 주요 구성과 주장들을 바탕으로 한다. 이 책의 1장부터 5장까지의 내용 들을 정리, 혹은, 그와 비교해 읽으면서, 최소주의의 쟁점들을 보다 깊이 이해하는 용도로 읽으면 좋을 것이다. (이하, 1~5 장에서 (나름) 충분히 언급되고 논의되었던 주제들 (예를 들어, TRANSFER) 은 중복을 피해 가급적 생략할 것이고, 필요시 주석으로 남긴다; 아울러, 이 장의 내용들은 CGO에서 거론하는 '모든' 주제들에 대한 '해설'이 아니요, 그 일부분에 대한 '상세한 풀이'도 아니다 – 필자 의 생각에 따라 군데군데 덧붙인 첨언쯤으로 여겨줄 것을 미리 당 부한다.)

6.1 Introduction

CGO는 그 첫 줄에서 생성 문법(Generative Grammar)의 연구 대 상을 아래와 같이 간략하게, 하지만, 분명하게 정의하고 있다.

(1) Generative Grammar (GG) is the study of linguistic capacity as a component of human cognition. (p.1)

생성 문법은 언어 '현상(phenomena)'을 (남김없이) 분석하고자 하는 학문이 아니라, 그 현상들을 빚어내는 원동력을 탐구하는 학문이다. 이에, 그 '원동력'은 인간이라는 종(種)의 생득적 인지 체계로 간주하여, (1)에서는 'linguistic capacity'라 칭했고, 흔히 'Faculty of Language (FL)', 또는, 'UG'라 불린다 (이하, 원문의 내용을 방해하지 않는 한, [...], *이탤릭* 등과 같은 추가/변형 표기들의 출처는 구분하여 별도로 언급하지 않는다).

(2) Its point of departure is Descartes' observation that "there are no men so dull-witted or stupid [...] that they are incapable of arranging various words together and forming an utterance from them in order to make their thoughts understood; whereas there is no other animal, however perfect and well endowed it may be, that can do the same." [...] Descartes' insight: only humans appear to possess a mental grammar - "I-language." (p.1)

생성 문법을 일컫는 말로, 종종 'Cartesian[166] Linguistics (데카르트 언어학)'라는 용어가 등장한다. 이는, 생성 문법의 연구 틀이 '이성주의(Rationalism)'에 기반한 것이기도 하거니와, 언어 능력에 대

---

166 (René) Descartes (1596~1650)를 칭하는 'Cartesian'이라는 형용사는 그의 라틴어화 이름 (Renatus) Cartesius에서 비롯된 것이다. 그 시대의 많은 학자들이 그러했듯이, 데카르트 역시 철학뿐만 아니라, 수학과 물리학을 비롯한 여러 분야들에 영향을 미쳤다. 'Cogito, ergo sum'으로 대표되는 그의 인식론은 오늘날 Philosophy of Mind라 불리는 철학의 한 연구 분야의 신호탄으로 간주된다.

한 생성 문법의 생득적 입장이 데카르트의 그것과 공유되기 때문이다. 이에, Chomsky 교수는 1950년대 즈음 태동하기 시작한 학문 사조를 일컫는 '인지 혁명(Cognitive Revolution)'이라는 용어에 대해, 더 정확한 표현은 '제 2차 인지 혁명(Second Cognitive Revolution)'이라고도 말한다; 1900년대 초.중반, 심리학을 중심으로 여러 인접 학문들을 휩쓸었던 '행동주의(Behaviorism)'의 광풍167으로 인해, 오랫동안 잊혀졌던 17세기 연구자들의 관점을 다시 '부활'시켰음을 의미하는 것이다.168

---

167 '행동주의'의 광풍을 두고 철학자 John Searle (1932 ~)은 '학자들의 수치'라고 까지 표현한다 - 행동주의가 유행했던 1900년대 초.중반은, 철학사에 비유하자면, 학문의 암흑기라 볼 수 있기 때문이다. 이후, 인지 혁명과 행동주의 스스로의 내부적인 균열과 붕괴로 인해, '행동'이라는 단어의 언급조차 '금기'시 되곤 했었는데, 안타깝게도, 언젠가부터 '다른 이름'으로 학계 곳곳에서 되살아나고 있다. 다소 과한 비유일 수 있겠으나, 행동주의의 (끈질긴) 부활은 '지적 설계론(Intelligent Design)'이라는 새로운 이름으로 되살아 난 '창조론(Creationism)'을 보는 듯하다. 여담이지만, 생명체의 진화와 관련하여 '지적 설계론'에 기반한 논의는 생물학 관련 학술지 그 어디에도 게재된 적이 없고, 또 게재될 수도 없다 - 사뭇 자명하듯, 지적 설계론은 '과학=학문'이 아니라, '종교'이기 때문이다. 하지만, 언어학의 경우, 지적 설계론에 기반하여 생성 문법을 비판하는 글들이 소위 '등재지'라는 학술지에 버젓이 올라온다 - 한국 언어학 연구자들의 빈약한 학문적 역량을 보여주는 단면이라 하겠다.
168 데카르트와 더불어 생성 문법, 특히, Chomsky 교수의 글에 종종 등장하는 인물로 '갈릴레오(Galileo Galilei 1564~1642)'를 들 수 있는데, 그 한 이유인 즉, '현상'이 아닌 그 이면의 '(수학적) 원리'를 탐구하고자 했던 갈릴레오의 (선구적) 사상이 오늘날 생성 문법의 그것과 일맥상통하기 때문이다. 지금에야 '현대 과학의 아버지'로까지 불리지만, 당시에는 연구비를 지원 받는데 상당한 어려움을 겪었다; '보이는 현상들'의 연구가 상식이요, 따라서, 지배적이었던 당시의 분위기에 '마찰 없는 경사면 낙하'와 같은 '사고 실험(thought experiment)'을 읊어대는 그에게 주머니를 열어줄 귀족은 (거의) 전무했기 때문이다. 하긴, '당시'라는 말은 어폐일 것이다 - 지금 역시, 'AI', '4차 산업', '빅 데이터'와 같은 유행어가 들어가지 않으면, 연구비를 지원 받는 것이 어렵기는 매한가지이기 때문이다. 여담으로, '갈릴레오'는 '성'이 아닌 '이름'으로 불리는 (드문) 학자들 중 한 명이다.

(3) The term Universal Grammar (UG) is a label for this striking difference in cognitive capacity between "us and them." As such, UG is the research topic of GG: what is it, and how did it evolve in us? (p.1)

'Universal Grammar (UG)' – 오해도 많고, 그로 인해 탈도 많은 생성 문법 용어의 대표가 아닐까 싶다. '지구상에 존재하는 모든 언어들에서 '공통적'으로 발견되는 (언어) 현상'169이라는 생각이 그 대표적인 오해가 아닐까 싶은데, 생성 문법에서 말하는 UG란, 언어와 관련해서 인간이라는 '종'에서 (공통적으로) 발견되는 인지 체계를 일컫는 것이요, 나아가, 그 인지 체계가 기반하는 '근간 원리'들을 의미하는 것이다.170

(4) While we may never find a satisfying answer to the latter question, any theory of UG seeking to address the former must meet a criterion of evolvability. (p.1)

진화 과정에서 구체적으로 무슨 일들이 발생했는지, 사실, 타임머신을 타고 그 현장을 직접 목격하지 않는 이상, '정확히' 알아내기는

---

169 예를 들자면, '형용사', '시제', 등과 같은 언어에서 발견되는 공통된 '현상들'이 있겠다. 그 결과 (생성 문법의) UG는 Greenberg (1915~2001)가 제안한 'Linguistic Universals'와도 자주 혼동된다.
170 UG는 또한 아래와 같은 의미로도 사용된다.

UG is a theory of the "initial state" of the of the language faculty. (Chomsky 1986: 3-4)

이에, 'FL'과 'I-language'는 UG의 동의어들이라 하겠다; 별다른 혼돈이 없는 한, 본문에서는 그 때 그 때 적절한 용어를 골라 사용하도록 하겠다.

힘들다.171 하지만, 인류의 진화 과정 중, 어떤 '유전적 돌연변이'에 의해 (인간 두뇌에) FL이 탄생하게 되었다는 생성 문법의 작업 가설을 받아들인다면,172 생겨난 것의 실체가 무엇이 되었든, 그 내용물은 '간단한' 것일 수밖에 없다는 결론에 도달하게 된다; 그도 그럴 듯이, 돌연변이라는 것이 복잡하고, 따라서, 엄청난 것이었다면, 그런 돌연변이를 경험한 (인간) 개체는 생존하지 못했을 가능성이 농후하기 때문이요, 반대로, 돌연변이를 가진 그 개체의 후손들이 바로 지금의 인류라는 점을 상기한다면, 그 사건은 '경미'한 것일 수밖에 없을 것이다.173 따라서, UG/FL에 대한 주장과 이론은, 그 틀이 무엇이든, 이와 같은 '진화 가능성(evolvability)' 기준에 부합하는 것이어야 할 것이다.

6.2 Basic Properties of I-language

연구자가 기반하는 그 이론 틀이 무엇이든, 인간의 언어 능력(FL)을 설명하고자 한다면, 어떤 식으로든 반드시 다룰 수 있어야 할 언어 보편적 특성들이 있다. 이에, CGO는 아래 둘을 거론한다:

---

171 하지만, 그렇다고 해서, 진화와 관련된 주장들 모두가 그렇고 그런, 혹은, 그럴 수도 있고 (언제든지) 아닐 수도 있는, 그런 마냥의 추측인 것은 아니다 – 진화의 과정 그 자체를 '직접' 관찰할 수는 없을지라도, 그에 대한 (명백한) '증거'들은 도처에 넘쳐나기 때문이다.

172 1.2.2에서도 지적했듯이, '급진주의(Saltationalism)'에 기반한 생성 문법의 언어 능력 진화관은 생물학의 입장에서 볼 때 상당히 많은 문제를 안고 있는 것이라 하겠다.

173 돌연변이 그 자체는 경미할지라도, 그로 인해 인간의 뇌와 인지체계에 생긴 변화들은 실로 지대하다 하겠다.

(5) [...] two empirical properties non-negotiable, in the sense that any theory of that shares GG's goal of providing explanatory model of human linguistic capacity must provide formal means of capturing them: *discrete infinity* and *displacement*. (p.3)

첫 번째 '이산적 무한성(discrete infinity)'이란, 하나의 언어 표현은 독립적인 '개별' 어휘 항목들이 (한데) 결합하여 이루어지고 (따라서, 'discrete'), 그렇게 생성되는 언어 표현의 길이는 ('원칙적'으로) 무한대(infinite)[174]임을 말하는 것이다.

흔히 '전위'로 번역되는 두 번째 특성 'displacement'는 사실 한국어를 살피는 것만으로도 충분하다.

(6) a. (테러리스트들이) [그 건물]을 파괴했다.
    b. [그 건물]이/*를 (테러리스트들에 의해) 파괴되었다.

(6a)에서든, (6b)에서든, [그 건물]은 공히 파괴를 당한 '대상', 즉, 목적어로 이해된다. 그럼에도 (6b)를 보면, 목적어가 목적어 자리가 아닌 (보다 상위의) 주어 자리에 등장한다.[175] 바꿔 말해, [그 건물]은 '대상(THEME)'이라는 의미역이 할당되는 원래의 자리, 즉, (6a)에서와 같은 목적어 자리가 아닌 '다른' 자리에 출현하고

---

174 강조해 놓았듯이, 무한은 '원칙적'으로 그럴 뿐, '실제'의 표현들은 언제나 '유한' 하다. 하지만, 이와 같이 '원칙'과 '실제'가 다르다고 하여, 언어 표현의 '무한성' 주장이 타격을 입는 것은 아니다 - '능력(competence)'과 그 능력에 바탕한 실제 '수행(performance)'에는 서로 차이가 있을 수 있기 때문이요, 이에, 후자의 경우에는, 능력 그 자체뿐만 아니라, 여러 다른 요인들이 영향을 미치기 때문이다.
175 물론, 분석에 따라 주어 자리가 아닌 다른 위치일 수 있다 - 하지만, '원래'의 자리가 아니요, 보다 상위의 자리라는 명제는 그런 분석에서조차 참이다.

있다는 것이다. 물론, 이렇게 말할 수도 있을 것이다 – '대상역 (THEME)은 목적어 자리뿐만 아니라, 주어 자리에서도 획득 (또는 할당)이 가능하다'고. 하지만, 이런 주장은 (6a,b)와 같은 현상의 설명에 가까워지는 것이 아니라, 더 많은 문제들을 양산할 뿐이다; 그도 그럴 듯이, '왜 두 자리 모두인가'라는 질문에 대답을 해야함 은 물론이거니와, 주어 자리에 등장하는 (6a)의 [테러리스트들]은 왜 대상역이 아닌가라는 질문에도 답해야 하기 때문이다.

요인 즉, 연구자가 기반하는 이론 틀이 최소주의든, 다른 그 무 엇이든, 'discrete infinity'와 'displacement'라는 언어 보편적 특성 은 어떤 식으로든 취급할 수 있어야 하고, 나아가, 설명할 수 있어 야 한다는 것인데, 바로 이 대목에서 최소주의의 구조 생성 기제 'MERGE'가 등장한다. (이하, MERGE와 관련하여 제2장에서 논의 되었던 내용들은 생략한다).

(7) To account for these elementary properties, any theory of GG must assume the existence of a computational system that constructs hierarchically structured expressions with displacement. The optimal course to follow, we think, is to assume a basic compositional operation MERGE, which applies to two objects X and Y, yielding a new one, K = {X, Y}. (p.3-4)

(8) MERGE(X, Y), yielding K = {X, Y}, imposes hierarchical structure [...] but no order ({X, Y} = {Y, X}). [...] A corollary of restricting composition to MERGE is the *structure-dependence* of syntactic operations: if order is only established in the morphological component, no syntactic operation can make reference to it. (p.4-5)

MERGE는 통사체들을 묶음으로써 언어 표현을 생성한다. 그 묶음의 횟수에 제한이 없으니, (적어도 '원칙적'으로는) 무한대 길이의 어휘 표현을 생성해낼 수 있다; 즉, discrete infinity를 포착할 수 있는 것이다. 아울러, MERGE의 한 표현형인 IM을 통해, 앞서 (6)과 관련하여 언급했던 'displacement'가 구현된다. 자, 그런데, (8)에서는 이 MERGE라는 기제의 작동 방식에 대해 '선형적 순서(linear order)'와 '구조상의 위계'를 거론하고, 이에 MERGE는 후자에 기반하여 작동하는 기제라 한다. 관련된 증거 자료들을 살펴보자 (아래 (9)는 Chomsky (2013)에 제시된 'Can eagles that fly swim'을 변형시킨 것이다).

(9) a. Eagles were$_1$ chasing the seagulls that were$_2$ blue.
　　 b. C-were$_1$ eagles <were$_1$> chasing the seagulls that were$_2$ blue?
　　 c. *C-were$_2$ eagles were$_1$ chasing the seagulls that <were$_2$> blue?
　　 d. Eagles that were$_1$ chasing the seagulls were$_2$ blue.
　　 e. *C-were$_1$ eagles that <were$_1$> chasing the seagulls were$_2$ blue?
　　 f. C-were$_2$ eagles that were$_1$ chasing the seagulls <were$_2$> blue?

(9a)에는 be 동사 'were'가 두 번 등장한다 — (9a)를 의문문으로 변형시킬 시, 문두로 이동할 수 있는 후보가 둘인 셈이다. 그런데, 둘 중에 'were$_1$'을 문두로 이동시키면 (9b)의 정문이 생성되는 반면, 'were$_2$'를 이동시키면, (9c)와 같은 비문이 생성된다. 자, 그렇다면, 이와 같은 (영어의) 의문문 형성에 대해, 다음과 같은 생각을 해볼 수 있을 것이다 — '해당 문장에 조동사가 두 개 (혹은, 여러 개) 있을 경우, 의문문을 형성을 위해서는 C와 '선형적으로 가장

가까운' 조동사, 쉽게 말해, 문장에서 '가장 왼쪽'에 있는 조동사를 문두로 이동시킨다'라고. 하지만, 그와 같은 '선형적' 순서에 기반한 원리를 (9d)에 적용하여 (가장 왼쪽에 있는) $were_1$을 문두로 옮기게 되면, (9e)의 비문이 생성된다; 말인 즉, 선형적 순서에 기반한 통사 운용은 비문을 마치 정문인냥 생성하는 결과를 초래한다는 것이요, 바꿔 말해, 어휘 항목들의 선형적 순서는 통사 운용에 의미 있는 정보가 아니라는 것이다. 자, 그렇다면, 선형적 순서가 아닌, '구조적 위계'에 기반한 원리, 예를 들어, '문두로 이동하는 조동사는 위계 구조상 C와 가장 가까이에 있는 조동사이다'는 원리를 적용해 보자. 이 원리에 의하면, (9a)에서는 $were_1$이 그 타겟이 되고, (9d)에서는 $were_2$가 타겟이 되어, 두 경우 모두 정문을 도출하게 된다. 이는 곧, MERGE와 같은 언어 능력의 근간 원리가 선형적 순서가 아닌 구조적 위계에 기반하고 있음을 보여주는 것이라 하겠다.[176]

　'전위(displacement)'에 대해 조금 더 살펴보자. 전위의 경우, (6)과 같이 의미 차이를 (거의) 유발하지 않는 사례들이 있는가 하면, 또 아래 (10)과 같이 꽤나 유의미한 의미 차이를 유발하는 경우들도 있다.

(10) a. [철수가] [발은] 큰데요.
　　 b. [발은] [철수가] 큰데요.

---

176 이렇듯, 생성 문법에서 '언어 자료'는 (그 자체로) '분석의 대상'인 것이 아니라, 언어 능력과 관련하여 주장되는 원리들의 타당성 검증에 동원될 수 있는 (하나의) '증거 자료' 역할을 하는 것이다.

(10a)와 (10b)의 차이는 [철수가]와 [발은]이 나타나는 위치의 차이가 전부이지만, 그로 인해, 두 문장의 '정보 구조적' 의미가 달라진다.[177] (11)을 보자.

(11) 철수는 영희를 좋아한다.

(11)의 (정보 구조적) 의미는 (문장의) 강세 유형에 따라 또 달라질 수 있다. '철수는'을 힘주어 읽으면, (예를 들어) '철수는 영희를 좋아하지만, 다른 사람은 그렇지 않다'의 의미가 함축될 수 있고, 반대로, '영희를'에 강세를 두면, '철수가 좋아하는 사람은 다른 사람이 아니라 영희다'라는 의미가 함축될 수 있다. 이는 곧, (강세와 같은) '음운적'인 요소, 즉, SM에서의 정보들이 해당 문장의 (정보 구조적) '의미' 해석에 영향을 미칠 수 있음을 보여주는 것이라 하겠는데, 최소주의로서는 꽤나 까다로운 문제가 된다 ─ 그도 그럴 듯이, 최소주의의 틀에 의하면, 통사부에서 생성된 언어 표현은 각각 SM과 CI로 전송이 되는데, 이는 곧, '음운' 정보와 '의미' 정보가 서로 분리됨을 의미한다. 더군다나, 최소주의 틀에서는 SM과 CI는 상호 교류하지 않는, 즉, 서로 분리된 접합 층위로 간주되니, '음운' 정보와 '의미' 정보가 교류할 수 있는 길이 원천 봉쇄된 형국이다. 따라서, 최소주의의 현재 틀 내에서는, (11)과 같이 SM의 정보가 CI에 영향을 주는 자료들을 다루는 것이 상당히 어려운 일이

---

[177] 그도 그럴 듯이, '이 반에서 누가 발이 커?'라는 질문에, (10b)는 자연스러운 대답이 될 수 있지만, (10a)는 (상당히) 어색하다. '정보 구조'와 관련된 보다 자세한 논의는 제5장을 참조하라.

되는데, 이에, CGO는 다음과 같이 말한다.

(12) [...] effects on meaning pertaining to topic/focus articulation necessarily indicate core-syntactic displacements, but the relevant notion of "meaning" encompasses pragmatic as well as externalization-related (e.g., prosodic) properties of expressions. "Meaning" properties in this broad sense plausibly emerge from holistic interpretation of <SEM, PHON> pairs, rather than narrow-compositional interpretation of SEM itself. (p.8)

우선, (10)에서와 같은 '전위' 현상은 통사부의 운용들로부터 비롯되는 것이다.[178] 그리고, 그에 따른 의미적 차이는 CI의 해석에서 비롯되는 것일테다. 하지만, 음운 정보를 전혀 고려하지 않는, 아니, 할 수도 없는 CI 접합 층위의 해석만으로는 (11)과 같은 음운 정보에 의한 정보 구조적 의미 차이를 온전하게 포함하기 힘들다. 따라서, 그와 같은 '정보 구조적 의미'까지 해석해내기 위해서는, SM의 정보와 CI의 정보를 통합하여 그 '전체(holistic)'를 해석하는 제3의 또 다른 접합 층위가 필요할지도 모른다.[179][180]

---

178 의미역 할당 구조와 [철수가]와 [발은]의 음성화 위치 차이를 고려하면, 전위는 통사부에서 이루어질 수밖에 없다.

179 이렇듯, 주제/초점으로 대표되는 정보 구조와 관련된 현상들은 (실로) 수많은 요인들이 얽히고 설켜있는지라 명쾌한 답을 얻기까지는 상당한 시간과 연구들이 필요할 것이다 - (한국의) 몇몇 연구자들처럼, 이건 강조요, 이건 주제요, 하고 아무런 정의 없이 얼렁뚱땅 가볍게 넘어갈 수 있는 사안이 아니라는 말이다. 관련하여, 각주 140과 148 또한 참조하라.

180 SM/CI 이외의 추가적인 접합 층위의 상정은, 사실, '필요할지도 모르는' 가능성의 문제가 아니라, (예를 들어) 언어 표현의 '비유적' 의미를 고려하더라도, 반드시 필요한 것이라 하겠다. 다만, 해석의 범위가 넓어질수록, 개입되는 요인들 또한 늘어나니, 더욱 어려운 연구 영역이 되는 것뿐인데, 그래서 이런 말도 회자된다 - '물리학이 이렇게까지 성공할 수 있었던 이유는 연구 대상이 간단하기 때문이다. 물리학자는, 취급하는 연구 대상이 원자보다 커지면 화학자에게 넘겨 버리고, 그걸 받은 화학

6.3 **Operations and Constraints**

통사부에서는 여러 가지 운용들이 작동되는데 우선, 병합(MERGE)에 관한 이야기부터 살펴보자.

(13) MERGE(X,Y) forms {X, Y}, and nothing else. [...] MERGE operates over syntactic objects placed in a *workspace* [...] There is no motivation for additional representations, such as numerations or lexical arrays [...] MERGE is strictly binary. (p.8-9)

MERGE는 묶기만 한다, 그리고, '둘'만 묶으며, 묶여지는 대상은 '작업 공간' 속에 있는 통사체들이다. 이에, 초기 최소주의에서 상정되었던 'numeration/lexical array'와 같은 어휘부와 작업 공간 사이에 존재하여 둘을 매개하던 중간 저장소들은 설 자리가 없다고 말한다. 하지만, 그럼에도 간과하지 말아야 할 것은, numeration도, lexical array도, 모두 필요에 의해서 고안되고, 상정되었다는 것이다 – 이론은 바뀌어도 '현상'은 그대로 남는다. 따라서, 과거 numeration과 lexical array에 기대어 설명을 시도했던 현상들은 어떤 식으로든 재해석이 되어야 할 것이다. MERGE에 대해 이어지는 언급들을 살펴보자.

자는, 연구 대상이 분자보다 커지면, 또 생물학자에게 떠넘겨 버린다. 그리고 그걸 받은 생물학자는, 연구 대상이 생명체보다 커지면, 인류학자에게 ... 뭐 이런 식이게다 소위 말하는 인문학이 자연과학에 비해 학문 발달이 더딜 수밖에 없는 이유다.'

(13) [T]his [MERGE] is the *only* operation defined by UG (although adjunction structures may necessitate a separate operation [...]. Simplest MERGE is not triggered. Featurally-constrained structure-building requires a distinct, more complicated operation [...] MERGE thus applies freely, generating expressions that receive whatever interpretation they are assigned by interfacing systems. (p.9-10)

앞서 언급하였듯이, 생성 문법에서는 언어 능력(UG=FL)의 탄생을 진화 과정 중 인류(의 어느 개체)에게 발생한 돌연변이적 사건에 의한 것이라고 추정한다. 그런데, 이와 같은 추정을 작업 가설로 받아 상정한다면, 유전적 돌연변이라 하는 그 사건은 경미한 것일 수밖에 없고, 따라서, 그로 인해 생겨난 UG의 내용(물) 또한 작고 단순한 것일 수밖에 없다는 결론에 도달하게 된다. 이에, CGO는 UG 속에 존재하는 기제, 바꿔 말해, 유전적 돌연변이에 의해 인간의 인지 체계에 생겨났다하는 그 실체는 (오직) MERGE뿐이라 주장하는 것이다.[181]

제 2장에서 자세히 살펴보았듯이, 이 MERGE라는 기제는, 생성 문법 60년 사를 거치며 실로 수없이 변화하고 그에 따라 발전해 왔는데, 그 변화와 발전의 핵심을 한마디로 하자면, (MERGE가 수행하는 작업량의) '최소화'라 하겠다. 이에, 비교적 최근까지만 하더라도, MERGE에는 '이유'가 있어야 하는 것으로 생각되었다. 바꿔 말해, MERGE라는 기제가 ON 되려면, 그 대상이 되는 두 통사체들 가운데, 어느 한쪽이라도 MERGE를 유발하는 요소를 보유하고

---

181 이는 곧, AGREE를 비롯한 다른 기제들은 어디에서 비롯된 기제들인가 하는 의문을 불러일으킨다. 관련하여, 이어지는 (16)의 논의와 6.5를 참조하라.

있어야 한다는 관점이었고, 그래서 제안됐던 것이 선택 자질 (Sectional feature)이나 EPP-자질과 같은 각종 자질들이었다; MERGE는 그렇게 자신을 요구하는 자질에 의해 촉발(triggered)되는 것이었고, 그런 자질이 '있어야만' 운용이 가능한 기제였던 것이다. 하지만, CGO는 다음과 같이 말한다.

(14) [...] typically *ad hoc* [...] Featural diacritics typically amount to no more than a statement that "displacement happens." (p.10)

'No reason, no MERGE'라 하여, MERGE의 운용에 자질이라는 조건을 다는 것은 MERGE라는 기제를 (더욱) 복잡하게 만드는 임의적이고 작위적인 방편에 불과할 뿐이다. 이에, MERGE는 아무런 이유 없이(도) 자유롭게 실행될 수 있다고 주장한다; 이제, 더 이상의 최소화가 불가능하리만큼 극한으로 최소화된 것이다.[182] CGO는 여기서 한 걸음 더 나아가, 포함 조건에 기반하여, 자질 상정에 대한 포괄적인 제안도 하고 있다.

(15) IC[Inclusiveness Condition] also bars introduction of features that are not inherent to lexical items, such as the discourse-related features (topic, focus, etc.). (p.9)

---

182 하지만, 이와 같이 무한히 자유로운 MERGE는 '과잉 생성(overgeneration)'이라는 문제를 필연적으로 유발한다 (물론, Chomsky 교수는 과잉 생성을 금지하는 것이 오히려 문제라 하지만). 관련하여, 각주 130 또한 참조하라.

비교적 최근까지만 하더라도, 최소주의는 자질들의 잔치마당이라 해도 좋을 정도로 자질이 범람하고 있었다. 앞서 언급했던 '선택 자질', 'EPP-자질' 등을 비롯하여, 초점 이동을 위한 [Foc(us)], 주제 이동을 위한 [Top(ic)], 심지어는 뒤섞기의 원인으로 (혹은 '원인이랍시고') [Scr(ambling)]라는 자질도 등장했었다; Boeckx (2015)의 표현을 빌리자면, 최소주의는 '자질염(featuritis)'을 앓고 있었던 것이다. 물론, 제안되었던 자질들 중에는 나름 타당한 자질들도 (분명) 있었다마는, 또 그 반면에는, 결과를 끌어내기 위한 억지 자질들도 부지기수였다 하겠다. 이에, CGO는 그와 같은 자질의 남용과 남발을 지적하고, 어휘 항목에 본유적인 자질이 아닌 그 어떤 다른 자질의 도입과 추가도 포함 조건을 위배하는 것으로 간주한다.

자, 이제, 주제를 살짝 바꿔, AGREE에 대한 CGO의 언급을 살펴보자.

(16) a. [T]here is an operation AGREE that relates *features* of syntactic objects. AGREE [...] obeys structurally-conditioned minimality. (p.11)

b. IM and AGREE are independent operations. (p.12)

AGREE는 통사체가 보유한 '자질'들 간의 상호 작용으로써, Probe 라 불리는 자질로 인해 촉발되어, 그 탐색 영역 내부에서 구조상 가장 '가까이'에 위치한 Goal을 발견함으로써 종료된다.[183] 바꿔 말

---

183 AGREE와 관련된 기술적(technical)인 논의들과 쟁점들은 제3장을 참조하라.

해, AGREE라는 기제는 '최소 탐색(Minimal Search)'의 한 실현형으로 볼 수 있는 것이다 [관련하여 6.5 또한 참조하라].

초기 최소주의에서는 이 AGREE 작업을 MOVE라는 (당시의 독립적인) 기제를 운용하기 위한 하나의 전제 조건으로 간주했었다; 그도 그럴 듯이, MOVE라는 기제는 AGREE와 Pied-Piping, 그리고 MERGE로 구성된 '복합' 기제로 간주되었기 때문인데, 따라서, MOVE를 실행하기 위해서는, 그 구성 요소인 AGREE가 (반드시) 있어야 했던 것이다. 하지만 CGO는 말한다 - '이동과 일치는 별개의 문제'라고. 앞서 언급한 free MERGE 입장을 고려한다면, 사뭇 당연한 결론이요, 주장이라 하겠다.184

6.4 **Interfaces**

언어 표현의 해석을 담당하는 접합 층위 이야기를 해보자.

(17) [T]he object W constructed in narrow syntax is subject to TRANSFER to the interfaces, mapping W onto SEM and PHON, accessed by C-I and SM systems, respectively. Let us refer to the mapping from narrow syntax to PHON as *externalization* (EXT). (p.15)

어휘 항목들로 이루어진 언어 표현은 기본적으로 의미자질(SEM)과 음성자질(PHON)로 구성된다.185 이에 (17)에서의 말인 즉,

---

184 추가로, 초기 최소주의에서 애용되었던 '내현 이동(Covert Movement)', 즉, (SM에 영향을 미치지 않는) '자실' 이동도 그 폐지를 명시적으로 언급한다.

SEM과 PHON은 TRANSFER를 통해 서로 분리되어 각각의 해석을 담당하는 접합 층위, 즉, CI와 SM으로 전달된다는 것이다. 그런데, (17)을 좀 더 꼼꼼히 들여다보면, 왠지 SEM/PHON이라는 층위 (level), 혹은, 표상(representation)이 따로 있고, 그곳에 접속하는 접합 층위(interface), 즉, CI와 SM이 또 '따로' 있는 듯한 느낌이 들 수 있다. 만약 그랬다면, 그러한 느낌은 'interface'라는 용어와 관련된 Chomsky 교수의 일관적인 비일관성 탓이 크다 하겠다.

(18) a. [...] the cognitive system interacts with just two such "external" systems: the articulatory-perceptual system A-P and the conceptual-intentional system C-I. Accordingly, there are two interface levels, Phonetic Form (PF) at the A-P interface and Logical Form (LF) at the C-I system. (Chomsky 1995: 2)

b. [...] the level of PF is the interface with sensorimotor systems, and the level of LF, the interface with systems of conceptual structure and language use. (Chomsky 1995: 131)

c. Two of the linguistic levels, then, are the *interface levels* A-P and C-I. [...] The level A-P has generally been taken to be PF [...] C-I is generally taken to be LF. (Chomsky 1995: 168-169)

d. [...] each derivation D is a pair <PHON, SEM>, where PHON is accessed by SM and SEM by C-I. (Chomsky 2004a: 106)

---

185 제3의 자질, 즉, 형식/통사자질에 대해서는 제3장을 참조하라.

(18a,b)를 보면, (지금의 SM에 해당하는) A-P와 CI는 '외부 체계 (external system)'라 칭하고, PF와 LF를 일러 '접합 층위'라 칭한 다.186 즉, PF/LF가 '따로' 있고, A-P/CI가 또 '따로' 있다는 말인 데, 그런데, (18c)를 보면, 'interface'란 용어를 (PF와 LF가 아닌) A-P와 CI에 국한하고, (17d)의 경우에는, PF와 LF에 대한 언급조 차 은근슬쩍 사라졌다. 상황이 이와 같다 보니, PHON/SEM (또는 PF/LF)과 SM/CI가 독립적으로 따로 존재하는 층위인가 하는 혼돈 이 생길 수 있는 깃인데, 이 혼돈에 대한 Chomsky 교수의 언급은 아래와 같다.

(19) The terminology has never been made precise [...] we can take PHON and SEM to be the representations generated by I-language that are interpreted by SM [...] and by CI.

(Chomsky p.c. June 20, 2017)

혼돈이 생기는 건 사뭇 당연하다 - 애초에 용어의 정의가 분명치 않았기 때문이다. 하지만, '이해'는 이렇게 하면 충분할 듯하다 - 통사부는 PHON/SEM으로 구성된 언어 표현을 생성하고, 각각은 SM과 CI에 의해 해석된다, 라고.

　자, 이어서 접합 층위를 좀 더 살펴보자.

---

186 (당시) PF와 LF는 통사부와 해석부 사이에서 둘을 매개해주는 층위로 간주되었 디 - 'interface'라는 이름노 사실 여기서 비롯된 것이다.

(20) a. EXT violates just about every natural computational principle and carries out extensive modification [...] all in violation of IC[Inclusiveness Condition] [...] While linear order plausibly plays no role in the syntactic and semantic processes [...] it is plainly required for vocal or gestural articulation. [...] These observations support the speculation that those properties of language that pertain exclusively to perception and articulation are ancillary, perhaps altogether external to I-language, whereas the core computational system may be close to uniform. [...] (p.16)

b. I-language is optimized relative to the C-I interface alone, with EXT ancillary. (p.26)

통사부에서 실행되는 연산들은 포함 조건(IC)과 같은 이런 저런 조건들에 의해 그 운용 방식에 제약이 가해진다. 하지만, SM에서 행해지는 작업들을 보면, 그런 조건들이 힘을 잃는 듯하다. 예를 들어 포함 조건을 보자 – 통사부 운용의 경우, 포함 조건에 위배되는 결과를 초래하면, 해당 운용은 위법적인 것으로 간주된다. 하지만, SM의 경우에는 문장 강세, 운율등과 같이 어휘부에 존재하지 않는, 따라서, 포함 조건을 위배하는 작업들이 수행되고, 또 수행되어야만 한다. 뿐만 아니다 – 앞서 살펴보았듯이, 통사부 운용에는 선형적 순서가 아무런 의미가 없다; 하지만, SM에서는 (문법적인 어순을 생성하기 위해) 필수라 할 정보다. SM과 통사부/CI의 이와 같은 비대칭은 사실, 굳이 이론의 힘까지 빌리지 않더라도, 상식의 눈만으로도 충분히 짐작할 수 있다.

(21) a. **Lymphocytes produce antibodies.**

b. 임파구는 항체를 생산한다.

외국어 학습은 물론이거니와, 언어학 연구사의 상당 부분 역시도, 그 최고의 관심은 언어들 간의 (눈에 보이는) '차이', 혹은, 서로 '다름'에 있었다. 예를 들어 (21a)와 같은 영어 학습의 경우에도, 'lymphocyte', 'antibody'와 같은 한국어와 '다른' 어휘들의 음성 형태 학습이 상당 부분을 차지하고, 또, 'S-V-O'와 같은 한국어와 '다른' 선형적 어순 학습에 상당 시간을 투자한다. 하지만, 관점을 조금 바꾸어 보면, 어휘들의 음성 형태와 어순과 같이 겉으로 드러나는 외양적 차이들을 제외하면, 각 언어들은 사실, 놀라울 정도로 동일하다는 것을 알 수 있다; 비유컨대, 겉으로 드러난 언어의 피부색과 눈동자의 색깔은 천차만별일지라도, 그 안에는 인간이라는 동일종의 공통된 DNA (즉, UG의 원리)가 들어있다는 것이다. 따라서, (21)의 경우, 'lymphocytes'와 '임파구'는, 비록 그 음성 형태는 다르다 할지라도, (영.한 불문) (항체) 생성의 '주체'로 동일하게 이해되고, 'antibodies'와 '항체' 역시 (영.한 불문) 생성되는 '대상'으로 동일하게 이해된다. 나아가, (21)과 같은 의미 표현을 위해, 한국어와 영어뿐만 아니라, 전 세계의 모든 언어가 '주체'와 '대상', 그리고, 그 관계를 맺어주는 '서술어'를 동원한다; 이 세 요소들 중 어느 하나를 (완전히) 빠트리고도, (21)과 동일한 의미를 표현할 수 있는 언어는 그 어디에도 없다.[187] .

---

187 물론, 관련된 요소들의 '어휘화'에 있어서는 언어별로 차이가 날 수 있다. 예를 들어, pro-drop 언어들의 경우, '주체'의 정보가 (개별 어휘가 아닌) 동사의 굴절로 표시될 수 있는 것이다.

따라서, CGO는 (20)에서와 같은 결론을 내린다 - 통사부 (=FL)와 CI는 동일한 원리에 지배를 받아 작동하지만, SM은 그렇지 않다.188 따라서, 통사부 연산은 (SM이 아닌) '의미' 해석을 담당하는 CI 접합 층위가 요구하는 조건들에 최적화된 시스템이요,189 SM과의 연결은 부차적이란 것이다.190

6.5. Open Questions and Future Directions

절의 제목이 말하듯, 이번 절에서는 여러 주제들과 관련하여 CGO가 언급하는 이런저런 쟁점들, 따라서, 생성 문법 연구자들에게 연구의 씨앗이 될 수도 있을 그런 내용들을 살펴보도록 하자.

자, 우선, 통사부에서 운용되는 기제들에 관한 이야기부터 살펴보자.

(22) a. Do we need operations other than MERGE [...]? Agreement phenomena indicate that there is an operation AGREE[.] AGREE [...] obeys structurally-conditioned minimality [...]

---

188 관련한 또 다른 예로, 언어 표현에 대한 SM의 Externalization은 CI의 의미 해석과 달리, 그 방식(mode) 또한 다양하다 - 구화(spoken language)에서와 같이 '음성' 방식이 있는가 하면, 수화(sign language)와 같이 '(손) 동작(gesture)'일 수도 있고, 타도마(Tadoma)처럼 '촉각'이 동원될 수도 있는 것이다.

189 이러한 생각은 'language is primarily an instrument of thought (not for communication)'이라는 Chomsky 교수의 반복된 언급에서도 발견할 수 있다. 통사부 연산은 Fodor (1975, 2000), Fodor and Pylyshyn (2013)이 말하는 '생각의 언어(Language of Thought, 혹은, Mentalese)'를 생성하는 것일지 모른다.

190 CGO에서도 언급하듯, 통사부 운용의 CI 최적화 주장은 AGREE라는 기제의 소속을 재고하게 만든다. 3장에서 살펴보았듯이, AGREE는 기본적으로 SM의 음성화와 밀접하게 관련된 운용이다. 따라서, 그 소속은 (어쩌면) 통사부가 아니라 SM일 수 있는 것이다.

Probe [...] locates the hierarchically closest Goal[.] (p.11)

b. [T]here must be an operation TRANSFER[.] (p.12)

c. [T]hese operations [AGREE and TRANSFER] are rooted in principles of efficient computation [...] AGREE instantiates *minimal search*[.] (p.18)

d. [A]n algorithm LABEL is required to supplement MERGE [...] LABEL is [...] not entirely new operation, but, like AGREE, an instantiation of minimal search. (p.21)

통사부에서는 MERGE뿐만 아니라, 다양한 운용들이 실행되는데, 그 중에 하나는 AGREE − (3장 및 6.3에서도 살펴보았듯이) 이 AGREE라는 기제는 구조상에서 '가장 가까이'에 있는 목표(Goal)를 탐색한다; 바꿔 말해, '최소 탐색(Minimal Search)'의 실현형인 것이다. 이에, 또 다른 통사 운용, LABEL도 비슷한 특성을 보인다 − 해당 통사체에서 '가장 가까이'에 위치한 핵을 탐색하니, 이 또한, '최소 탐색'의 (또 다른) 실현형으로 볼 수 있는 것이다. 자, 그렇다면, TRANSFER는 어떨까? TRANSFER가 하는 일은 구조상의 특정 영역을 봉쇄 (혹은, '제거')하여, 더 이상의 (통사부) 운용에 참여할 수 없게 만드는 것이다. 바꿔 말해, TRANSFER가 적용됨으로써, 통사부 도출의 연산 대상이 '감소한다'는 것이다.

자, 그렇다면, MERGE에 더해 상정되는 추가 기제들, 즉, AGREE와 LABEL과 TRANSFER는 최소주의 전반을 아우르는 원리들 중 하나인 '연산적 효율성(Computational Efficiency)'으로부터 도출될 수 있는 기제들이요, 따라서, 같은 뿌리에서 나온 다른 실현형으로(도) 간주할 수 있을 것이다.[191·192] 이어지는 LABEL 관련 언급을 살펴보자.

(23) The first step in a derivation necessarily relates two atomic objects, yielding K = {H, R} [...] If R is a feature-less root, [...] it is plausibly ignored by LABEL, and H will be correctly chosen as the label of K. On this conception, LABEL locates a *feature* of H, which renders the traditional notion of "head" irrelevant for labeling purposes. (p.21-22)

두 핵 (혹은, 어휘 항목)의 결합, 즉, {H, R}의 생성을 구조 생성의 첫 단계로 간주하고 있다 [관련된 기술적 논의는 3.5를 참조하라]. 이는 곧, 범주 결정소(categorizer = H)와 어근(R)의 결합이 도출의 첫 단계라는 주장인데, 편의상 {v*, R}로 바꾸어 이야기를 이어 가보자.

우선, v*와 R의 결합은 집합 병합이 아니라 쌍-병합으로 간주되어 온 결합이다. 따라서, 그 결과물은 (집합 형식의) {v*, R}이 아니라, (순서쌍 형식의) <v*, R>이어야 할 것인데, 왜 '집합'으로 표기한 것인지 의문이다.[193] 나아가, Chomsky (2015a)에서의 (핵-)부가 구조를 따른다면, v*와 R의 결합은 <R, v*>의 구조일 것이요, 그 내부를 구성하는 각 핵들은 스스로는 표찰 역할을 할 수

---

191 이에, 추가 기제들과 MERGE와의 관계에 대하여 이런 질문을 던져볼 수도 있을 것이다 - AGREE/LABEL/TRANSFER는 MERGE와 함께 '동시'에 생겨난 기제들인지, 아니면, 그 이후에 등장한 것인지.
192 CGO와 마찬가지로, 통사부의 또 다른 기제 '자질 상속(FI)'은 논외로 한다. FI 관련 기술적(technical) 논의는 3장을 참조하라.
193 v*와 R의 결합의 경우, 그 '전체'는 이동이 가능하지만, 그 내부의 한 요소만 빼낼 수는 없다 - 이 또한 v*와 R의 결합이 집합 병합이 아닌 쌍-병합임을 보여준다.

없는 요소이나, 두 핵의 결합물인 <R, v*> '전체'는 표찰 역할 수 행이 가능하다. 그런데, 관련한 CGO의 논의는 또 사뭇 의아하고 상이하다. 우선, R을 일러, 무자질('feature-less')이라 한다 – 아예 아무런 자질도 보유하지 않았다는 것인지, 표찰화와 관련된 그 자질만 없다는 것인지 애매하다. 전자든, 후자든, R이 표찰 역할을 할 수 없다는 결론은 동일하겠다마는, 전자의 경우, '완전 무자질' 요소 상정에 대한 정당화의 큰 부담이 있을 것이다.

이어, 'LABEL은 '핵'이라는 온전체가 아니라, 그 내부의 '자질' 을 탐색한다'고 주장하는데, 만약 그렇다면, '핵'에 대한 불분명한 정의에서 비롯되는 문제들에서는 자유로울 수 있겠으나, 앞서 4장 에서 논의한 바 있는, 탐색 자질의 '종류'와 추가적인 '비교 탐색 (Comparison Search)'과 관련된 쟁점들을 여전히 안고 있다 하겠 다.

자, 이제, 다른 주제, pair-Merge로 이야기를 옮겨보자.

(24) a. [...] whether structure-building mechanisms beyond simplest MERGE are necessary, such as Chomsky's (2004) PAIR-MERGE [...] PAIR-MERGE is a formally distinct operation from simplest MERGE, hence raises problems of evolvability. Ideally, it could be shown to be dispensable. (p.23-24)

b. Traditionally, adjunction is also assumed to be involved in head movement (HM) [...] We believe that a fresh take on the relevant phenomena is needed, based on the recognition that traditional implementations of HM are in fact problems restated in technical terms rather than solutions. (p.24)

(24a)는 (2장에서 다루지 않았던) 'read a book [quickly] [in the yard]'에서와 같은 '최대 투사'의 pair-MERGE에 관한 내용이고, (24b)는 (2장에서 다루었던) '핵'의 쌍-병합에 관한 언급이다. 전자든, 후자든, (set-MERGE에 더해) 'pair-MERGE'라는 별도의 기제를 추가로 상정하여 접근하는 것은 '최소'를 요구하는 '진화 가능성(evolvability)' 기준에 적잖은 부담을 안겨준다. 따라서, 보다 타당한 해결책은 pair-MERGE라는 추가적인 기제에 의존하지 않고 (set-MERGE만으로) 부가 구조를 (함께) 다루는 것일 텐데, 만만치 않은 작업이다. 아울러, 두 종류의 부가 구조, 즉, 최대 투사와 핵의 쌍-병합, 이 둘이 과연 동일한 작업의 결과인지, 그에 대한 연구도 필요할 것이다.

제7장 최소주의 전망

7.1 생성 문법 전망

책의 서두에서도 짧게 적었던 바, 생성 문법의 (현) 상황은 최악의 처참함이라 하더라도 과함이 없을 정도로 지극히 어둡다 하겠다. 이런 침울한 상황은 생성 문법 현직 연구자들과 또 앞으로 생성 문법을 하고자 희망하는 언어학도들의 숫자만 가늠해 보더라도 사뭇 자명하다; 전자는 희귀종이요, 후자는 멸종 위기종이라 해도 지나친 비유가 아닐 정도다. 상황이 이 지경까지 온 데에는 실로 수많은 요인들이 얽히고 설켜 있을 것이다. 그 중에는, 빅 데이터다, AI다 하여 불어제치는 계량 언어학 제 분야들의 광풍(狂風)도 한 몫을 할 것이고, 그러한 광풍과 유행에 (수이) 휩쓸리는 언어학자/도들의 가볍얇고 얕은 학문적 역량도 큰 이유가 될 것이다. 계량 언어학의 광풍이 '나쁘다'는 말이 아니요, 계량 언어학적 연구가 '쓸모 없다'는 말은 더더욱 아니다 — 되려, 언어학의 학문적 토양을 한층 풍부하게 만들어주는 (아주) 유익한 연구들이라 하겠다. 허나, 그럼에도, '광풍'이니, '유행'이니 하면서 그리 유쾌하지만은 않을 표현들을 사용한 이유는 계량 언어학의 유행과 그 곳으로의 쏠림으로 인해, 언어학 연구가 '설명(explanation)'이 아닌 '기술(description)'에(만) 치중하는 '분류학(taxonomy)'으로 퇴보하여 회귀194하고 있음을 지적하기 위함이다. 문제는 사실 더욱 심각하다 — '기술(description)'과 '분류(taxonomy)'로의 이 분명한 퇴보의 역행이 일각에서는 도리어 '발전'으로 간주되는 분위기가 형성되고, 그 여파로, 생성 문법을 비롯한 제 '이론(theory)' 분야들의 연구들은 시대에 뒤떨어진 '쓸모없는' 그 무엇으로 간주되며, 그와 같은 (명백한) 판단 오류가 마치 당연한 인식인냥 여겨지는 (얄팍한) 풍토마저 무르익고 있기 때문이다. 이에, 한번 물어보자 — '학문'이란 것이 대체 무엇이며, 그것이 존재해야 하는 이유는 무엇인가? 전자도, 후자도, 그 대답은 '설명(Explanation)'이다; '설명의, 설명에 의한, 설명을 위한' 것이 학문이라는 것이다. 그렇다면, 그 '설명'이란 것을 위해, 학자가 사용할 수 있는 '유일한 도구'는 또 무엇인가? — 그게 바로 '이론(Theory)'이다.195 이렇듯, '학문'과 '설명'과 '이론'은 모두가 하나를 가리키는 서로가 서로의 동의어인 것이다. 그런데, 그 '설명=이론'을 하는 이도, 또 하겠다는 이도 점점 메말라 가고 있는 이 상황은 학문이 학문이기를 (자처해서) 포기하고 있다는 방증이 아니고 무엇이겠는가 — 그러니 '심각한 문제'라는 것이다.

---

194 '회귀'란 말은, 1950년 대 이전까지의 언어학이 (대체로) 줄곧 '분류학' 수준이었음을 의미한다.

195 '이론'이라는 단어는 '일상'의 의미와 '학문'에서의 의미가 서로 반대말이라 해도 좋을 정도로 상이하다. 일상에서는, '(한낱) 개인의 추측/생각' 정도의 의미로 사용되어, '그건 그 사람 이론일 뿐이지'라는 표현이 가능하지만, 학문에서는 어림도 없다. 학문에서 이론이란, 수많은 검증에서도 오류가 발견되지 않고 살아남은 가설, 따라서, '사실(Fact)'이라 불러도 좋을 만한 그런 가설에 붙여지는 최고의 타이틀인 것이다. 따라서, (예를 들어) '진화론은 이론일 뿐이잖아'와 같은 발언은, 이론의 일상적 의미와 학문적 의미를 뒤섞어 사용한 모순적 발언이라 하겠다. 물론, 학문적 성숙도가 높은 물리학 또는 생물학을 벗어나면, 학문에서조차 '이론'이란 단어를 일상적 의미와 유사하게 사용하는 용례들이 빈번히 발견된다.

말했듯이, 언어학은 겨우 1950년대가 되어서야 '學'이라는 이름이 그나마 부끄럽지 않을 상황이 될 수 있었다 - 언어학 '전체'를 아우를 수 있는, 그런 (이론다운) 이론, 즉, '설명'을 (시도)할 수 있는 토대가 그때서야 겨우 마련되기 시작했기 때문이다. 혹자는 Pāṇini를 들먹여, 언어학의 역사는 2500여년으로 장구하다 하지만, 사실, 그 긴 세월의 대부분을 '분류학(Taxonomy)'의 수준으로 연명해 왔던 것이 언어학의 현실이다. 간간이 등장했던, 소위, '이론'이라 자처했던 것들도, (극히) 지엽적이고 국부적인 섯이 대부분이었다. 하지만, 그 와중에 마침내 겨우겨우 이론다운 이론의 토대를 닦게 되었고, 그 후로 지난 60여 년간 끊임없이 그 토대를 강건히 해왔건만, 지금은 되려, '요새 누가 이론을 하냐'는 얼토당토않은 반문이 마치 당연한 시선으로 여겨지는 상황이 돼 버렸다; 언어학의 학문적 시계가 빠른 속도로 거세게 역행하고 있는 것이다.

하지만, 생성 문법의 현 상황과 앞으로의 전망과 관련하여 필자가 개인적으로 가장 우려하는 문제는 사실 생성 문법의 '내부'에 있다; 바로, Chomsky 교수 - 분류학 주위를 맴돌기만 했던 언어학을 비로소 '學'의 수준으로 끌어올린 '현대 언어학의 아버지'라는 그를 향한 수식어는 '인정하고말고'의 사사(私事)의 문제가 아니라, 사실의 기술임에 분명하다; 생성 문법을 지금의 최소주의로까지 이끌어 성장시켜 온 선봉장이요, 매 위기 때마다, 든든한 버팀목이 되었고, 또 그 나아가야 할 길을 제시해 준 석학이 Chomsky 교수다. 그런데, 그런 Chomsky 교수의 역할과 존재가 사실 필자가 우려하는 가장 큰 문제다 - 말인 즉, 생성 문법의 성장과 발전이 Chomsky 교수의 연구에 대한 의존도가 지나치리만큼 크다는 것인데, 일례로, GB 틀이 최소주의 틀로 성장.발전하게 된 것도 Chomsky 교수의 저작들로 인해서요, 최소주의 초기의 점검 이론이 (이후) 일치 이론으로 발전하게 된 것도 Chomsky 교수의 저작들로 인해서다. 어디에서 무엇을 찾고, 또 어떤 방향으로 나아가야 할지, 그 모든 로드맵이 Chomsky 교수에 의해 써지고 그려졌다는 것이요, '서양 철학의 역사는 플라톤에 대한 주석의 역사'라 했던 화이트헤드(Whitehead)[196]의 말을 빌리자면, 생성 문법의 역사 역시, Chomsky에 대한 주석의 역사라 해도 과언이 아닐 것이다. 이와 같은 Chomsky라는 불세출이라 할 인물의 존재는 학문적 '행운'임에는 분명하지만, 바로 그 행운이 생성 문법의 전망을 (더욱) 어둡게 하는 먹구름이 된다.

Chomsky 교수, 올해 아흔 한 살이다. 한 치 앞도 모르는 것이 사람의 일이라 하지만, 그가 우리와 함께 할 시간이 그리 길지 않다는 것은 사뭇 분명한 짐작이다. 얼마 전 작고하신 나의 지도 교수 Samuel Epstein께 물었던 적이 있었더랬다 ― "Chomsky 교수가 돌아가시고 나면, 언어학은/통사론은 어떻게 될까?" 친구의 죽음에 대해 생각하고 싶지 않다는 것이 지도 교수의 대답이었다. 하지만, 그럼에도 나는 감히 상상을 해본다.

불세출의 선봉장을 잃고 나면, 뒤따르던 병사들은 뿔뿔이 흩어질 가능성이 농후하다. 물론, 생성 문법 내에는 훌륭한 장수들이 많이 있지만, 아무리 곱씹어 보더라도, Chomsky 교수'만큼', Chomsky 교수에 '필적할'만한 인물은 아쉽게도 단 한명도 떠오르

---

196 "The safest general characterization of the European philosophical tradition is that it consists of a series of footnotes to Plato." (Whitehead 1929/79: 39).

질 않는다. 그러니, 그런 불세출의 구심점을 잃고 나면, 백가쟁명의 춘추전국시대가 도래할 것이고, 그에 따라 제자백가의 시대가 시작될지 모른다. 하여, 저마다의 목소리들은 가득하되, (확고한) 구심점이 없으니, 어쩌면 갈팡질팡의 시대가 도래할지도 모른다.

하지만, 그럼에도, '통사(Syntax)'라는 학문은, 지금껏 그래왔던 것처럼, 앞으로도 계속될 것이다 − 누구의 말처럼, '그래봤자 통사, 그럼에도 통사'인 것이니.

7.2 한국의 생성 문법과 언어학 전망

7.2.1 한국의 생성 문법

한국 통사론계의 현 상황은 총체적 난국이라 해도 좋을 그런 형국이다. 사정이 그와 같으니, 무슨 이야기를 어디서부터, 또 어떻게 시작해야 할지 다소 난감하기까지 한데, 해서, 논리 정연은 (일찌감치) 포기하고, 대신, 의식의 흐름에 따라 다소 두서없이 읊어보려 한다.

생성 문법을 이 땅에 들여온, 소위, 생성 문법의 1세대라 칭해지는 양동휘 교수(1934~)와 이홍배 교수(1939~)가 축이 되었던 7−80년대, 그리고, 소위, 2세대라 일컬어지는 연구자들이 그 뒤를 잇기 시작한 90년대 어느 즈음까지만 하더라도, 이 땅의 통사론계는 적어도 그 외양만큼은 꽤나 그럴 듯 했다 하겠다. 하지만, 그로부터 20여 년이 흐른 2020년 지금, 1세대는 연로하고, 2세대의 상당수는 '자리'를 탐하는 관료가 되었거나, 마치 조기 퇴직서라도 접수해 놓은 듯, 그 입에는 후학 타령을, 그 어깨에는 무기력을 달고

사는 이들이 부지기수다.197 그러니, 그 아래에서 (제대로 된) 다음 세대들이 키워지고 성장할 리 만무하고, 그 결과, 지금과 같은 총체적 난국의 상황으로까지 오게 된 것이다.

아울러, 이 좁은 땅덩어리에 학회와 학술지는 뭐 그리 넘쳐나며, 그 안에 '이사'라는 감투를 쓴 자들은 왜 또 그리 수두룩한지.198 학술지들의 대부분이 '등재지'요, '등재'라는 그 알량한 포장을 유지하고자, 껍데기뿐인 학회를 꾸역꾸역 개최하고, 허울뿐인 산하 모임들을 홈페이지에 뿌려 놓는다.199 뭐, 좋다 – 학회와 학술지가 많다는 그 자체가 '나쁠' 것 없고, 이사가 많다는 것 또한 '나쁠' 것은 없다. 하지만, 정말 나쁜 것은, 그 수많은 학술지들이 쏟아내는, 소위, 논문이라 하는 글들 가운데 논문다운 논문은 가뭄에 콩보다도 더 드물다는 사실이다.200 그럼에도 때가 되면, 학술지로부터 독려의 이메일이 잊지 않고 날아온다; 그 내용인 즉, '곧 연구 재단 학

---

197 사실, 한국인들만큼 '나이'에, 그것도 '자진해서' 민감해 하는 민족이 지구상에 또 있을까 싶다 – 이십대 중반쯤이면 이미 두 배를 부풀려 '반 오십' 타령을 시작하고, 삼십대 중반 즈음이 되면, 또 서둘러 '불혹'을 읊어댄다. 이와 같은 나이 타령 버릇은, 마치 한국인의 유전자에 각인된 것인 냥, 숨을 멈추는 그 순간까지 멈추질 않는다. 해서, 대략 오십 줄에 접어들면 '은퇴'를 읊어대기 시작하고, (별로 하지도 않았던) 공부마저 (완전히) 덮어버리는 모습은 사실 그리 희한한 장면이 아니다. 그런 그들에게 필자는 가끔 이런 진심어린 농담을 던지곤 한다 – 'Chomsky 교수보다 어리면, 한창 연구해야 할 젊은 나이라고.'
198 일례로, 모 학회의 경우, '이사'만 100여 명에 달하고, 그 중에 2/3는 이름만 있는 것이니, 그런 걸 두고 '유령 단체'라 하지 않던가?
199 이에, 혹자는, 한국의 학회와 학술지들 '모두'가 그런 것은 아니지 않느냐며, 소위 말하는 '과 일반화' 카드를 들이밀려 할지도 모르겠다. 허나, '수학'과 '(연역적) 논리'와 같은 극소수의 영역을 제외한다면, '모든'이 충족되어야만 말할 수 있는 주제는 (거의) 없다.
200 그 실례로, (2019년) SJR (SCImago Journal Ranking) 지수 기준, 수록된 (전 세계) 800여 개의 언어학 전 분야 학술지들 가운데, 한국 학술지는 단 두 개 밖에 없다 – 하나는 경희대 언어정보 연구소에서 발행하는 Linguistic Research, 다른 하나는 서울대 인지과학 연구소에서 발행하는 Journal of Cognitive Science다; 전자는 Q2 등급, 후자는 Q3 등급이다.

술지 평가 있을테니, 어쩌고 저쩌고, ... 회원 여러분들께서는 우리 학술지에 수록된 논문들을 가급적 많이 인용해 달라'는 것이다. 논문의 '질'이 우수하면, 뜯어 말려도 인용하기 마련이요, 숨기려고 발악을 하더라도, 드러나 인용되기 마련일 것을, 그 '질'은 외면하고, 인용을 구걸하고 권고하는 것이 바로 한국 학회와 학술지의 현 주소요, 그 안에 있는 (상당수) 연구자들의 역량인 것이다.201 상황이 이러하고, 또 이러해 왔을 것이니, 한국 땅에 생성 문법이 둥지를 튼 지 50 여년의 세월이 지났건만, 누구나 (한번쯤은) 들어봤음직한, 그런 글로벌구(區) 생성 문법 연구자를 단 한 명도 보유하지 못했다는 사실은 어쩌면 당연한 귀결이라 할 수 있을 것이다.202

생성 문법(을 비롯한 제 '이론' 언어학 분야들)의 상황이 이렇게까지 된 데에는, 시대적 흐름이니, 시기적 추세니 유행이니 하는 (외부적인) 요인들도 있겠다만, 필자가 보건대, 가장 큰 원인은 생성 문법 연구자들에게 있는 것이고, 그들의 '학문하는 자세'에 있는 것이라 하겠다. '박사 학위란, 이제 스스로 생각하더라도, 크게 어긋나지는 않을 것을 증명해 주는 종이'라는 말이 있다. 따라서, 박사 학위란 제대로 된 학문의 '시작'을 알리는 증명일 것인데, 실상

---

201 '게재 불가 논문 비율'이라는 연구 재단의 학술지 평가 기준을 맞추기 위해, 게재 불가용으로 사용할 논문을 투고하게 하고, 또 그 심사자에게 '그건 게재 불가용 논문이니, 게재 불가해 줄 것'을 미리 언질해 주는 일도 드문 일이 아니다. 감히 장담하건대, 이와 같은 '꼼수 마인드'는 언어학계만의 전유물이 아니요, 한국 사회 전반에 만연하는 행태일 것이다. 따라서, 해마다 기준이 추가되고, 바뀌지만, 그 결과는, 그런 기준들을 요리조리 피해가는 고도의 새로운 꼼수들만 대거 양산시킬 뿐이다. 어디 그 뿐이랴 - 해마다 추가되고, 바뀌는 그 기준들마저 상식과 합리는 고사하고 현실과마저 점점 괴리되는 행정 편의 위주가 절반이요, 태반인데, 이는 어쩌면 당연지사일지도 모른다; 문제는 사람이지 단체의 이름이 아니다 - 사람이 같고, 그 사고가 같을진대, 연구 재단이든, 학계든, 국회든, 그 문패가 무슨 상관이겠는가.
202 물론, '단 한명'은 다소 과장된 묘사다 - 하지만, 거의 대부분이 (지역구는 고사하고) '자기 동네구'라는 것은 사실에 가깝다.

은, 그 박사 학위라는 것을 '학교 공부의 연장선이요, 그 종착점'으로 생각하는/생각했던 이들이 부지기수다. 그러니, 그들은 박사 학위를 받고 나면, 이제 '다 한 것'이요, '다 된 것'인게다. 오십 줄에 '후학'을 말하고, '은퇴'를 말하지만, 사실 그들은 '선학'이었던 적도 없고, 학위를 받은 그 순간부터 이미 은퇴했던 것이다; 더 적나라하게 말하자면, 그들은 (줄곧) '학교 공부'를 해 온 것이지, '학문'의 영역에는 발끝조차 들여 본 적이 없(었)다는 것이다. 그러니, 그런 그들의 글과 말과 행동에서 학문하겠다는 진지함은 고사하고, 학문의 무슨 희미한 향기라도 묻어나겠는가.

더 할 말이야 넘친다마는 이쯤에서 멈추고, 두서없었던 내용을 일갈하자 – '학문'하(려)는 '학자'가 나오지 않는 이상, 생성 문법, 아니, 이 땅의 모든 학문은 언제나 후진일 것이 실로 자명할 것이다.

7.2.2 한국의 언어학

'언어'라는 대상은 사실 언어학과만의 전유물이 아니다 – 인문학의 정점이라 해도 좋을 철학을 비롯하여, 사회 과학의 심리학과 인류학, 나아가, 컴퓨터 공학에 이르기까지, 언어를 탐구하는 연구자들은 학문의 스펙트럼 곳곳에서 발견된다. 하지만, 그럼에도, (서구 대학들을 기준) 언어 연구의 중심은 '언어학과'에 있다. 따라서, (예를 들어) 인류학과에서 행해지는 언어에 대한 연구는 '인류학적' 관점, 혹은, 인류학적 관점과 관심에 국한한 연구요, 나아가, 그와 같은 언어 연구는 인류학이라는 학문의 '중심'이 아니요, 인류학자들이 다루는 수많은 연구 주제들 중 작은 한 부분이 될 뿐이다.

한국의 상황을 보자 – 한국의 대학에는 '문학'이라는 학문과 '언어학'이라는 이질적인 두 학문을 한 지붕 아래 묶어놓은, 영문학과, 국문학과 등과 같은, 소위, 어문학과라는 것들이 있다.203 이에, 언어학은 각 어문학과에서 사뭇 다른 이름으로 가르쳐지고 있는데, 예를 들어, 영문과에서는 '영어학'이라 하고, 국문과에서는 '국어학'이라 칭하여 가르쳐지는 것이다. 하지만, 이와 같이 웃음을 자아내게 하는 학과/학문 편성은 언어학의 성장과 발전을 저해하는 또 하나의 걸림돌이요, 서둘러 바로 잡아야할 관행이다. '문학'과 '언어학'이 성격이 판이한 두 학문이라는 이유는 차치하고서라도, '영어학', '국어학'이라 제각각 달리 부르니, 이는 마치, 여러 종류의 '다른' 언어학들이 있는 것인냥, 잘못된 인식을 심어줄 뿐만 아니라, 또 실제로도 그렇게 생각하는 연구자들이 양산된다.204 생물학에 '한국 생물학'이 따로 있고, 또 '미국 생물학'이 따로 있는 것이 아니듯이, 언어학에도 '언어학'만이 있을 뿐이다.205 언어학이란 학문이 이 땅에서 (진정으로) 성장하고 발전하기 위해서는, 요상한 이름으로 각종 어문학과들에 찢어 흩어져 있는 언어학의 분신들을 (어서 빨리 '문학'으로부터 떼어내어) '한 자리'에 두는 것이 급선무일 것이다

---

203 이는 아시아권 대학들의 경우, 대동소이한 학과 편성이라 하겠다.
204 나아가, 언어학에 대해서도 '민족주의'를 외치는 연구자들이 있다 – 생성 문법은 '외래'의 이론이라, 우리는 우리만의 이론을 만들어 전 세계로 수출하는 것이 언어학자가 할 애국이라, 서슴치 않고 그 무지의 혀를 놀린다. 언어학자들의 얄팍한 학문적 역량을 여실 없이 보여주는 예라 하겠다; Darwin의 진화론을 '외래'의 이론이라, 따라서, 한반도의 생물들에는 적용될 수 없고, 이에, 한반도 생물들을 위한 우리 고유의 진화 이론을 구축해야 한다. 이런 말을 하는 생물학자가 있을까 싶다.
205 물론, '한반도에 서식하는 동.식물'을 '따로' 연구할 수는 있다 – 하지만, 이는 전혀 다른 성질의 문제다.

- 그것이 통사든, 의미든, 또, 코퍼스든, 심리든, 모두가 '언어학'이니, '언어학과'로 모아 놓아야 한다는 것이다.[206]

하지만 현실은, 다른 그 누구의 입과 글을 통해서도 이와 같은 논의들을 들어 본 적도, 읽어 본 적도 없다는 것이다. 물론, '현실적인' 문제들이 있을 것이다. 하지만, 멀쩡하던 학과가 하루아침에 사라지고, 다음날이면 이름(만) 거창한 신생 학과가 탄생하는 이 땅의 미풍양식을 볼진대, 생각이 있고, 또 그런 생각을 밀어붙일 의지가 있다면 (물론, 관철시킬 수 있는 '힘'도 따라줘야 할 것이다마는), 벌써 현실이 되고도 남았을 법한 변화일지 모른다.

---

206 언어학의 핵심인 음성/음운, 통사, 의미를 두고 대학원생들이 수강을 꺼린다 하여, 선택과목으로 변경하거나, 필수과목 자체를 아예 없애버리는 대학들도 부지기수다. 학생들이 듣기를 꺼리는 이유는 대동소이하다 - (상대적으로) '어렵기' 때문이다. 허나, 학생들의 추세가 그러할수록 필수를 더욱 강화해도 모자랄 판국에, 저와 같은 행태를 시연하니, 그 결과, 통사도 음운도 무지한, 그럼에도, 언어학 석/박이라는 아마추어들 생산된다; 생물학 석/박이라 하면서 다윈을 모르는 것과 진배없는 어처구니 없는 형국이라 하겠다.

날머리

생성 문법(Generative Grammar)은 '언어 능력(Faculty of Language)'이라 명명한 인간 두뇌의 인지 체계를 탐구하여 그 근간 원리들을 밝히고자 하는 학문이다. 이에, 본 책에서는 생성 문법 60년 사의 원동력인 '최소주의(Minimalism)'와 관련하여, 그 핵심 개념들을 논의하였고, 가장 최근 논의라 할 수 있는 MERGE를 비롯하여, AGREE, TRANSFER, LABEL, Feature Inheritance와 같은 최소주의에서 활용되는 여러 주요 기제들에 대해서도 논의하였다. 아울러, 논의한 거의 모든 개념들과 기제들에 대해 풀리지 않은 문제들과 의문들을 쟁점으로 거론하였고, 그 쟁점들의 대부분은 필자를 비롯한 생성 문법 연구자들의 숙제로 남겨 두었다.

학문의 궁극적인 목적은 완전한 설명에 있을 것이나, 학문하는 즐거움은 그 목적을 향해가는 과정과 여정에 있을 것이다. 글이란 것이 본시, 언제나 모자람으로 마침표를 찍어야 하는 운명이지만, 그럼에도 이 부족한 글이 생성 문법에 뜻을 둔 연구자들의 고뇌에 조금이나마 도움이 되길 바란다.

끝으로, 이 책의 오탈자 수정에 도움을 준 성지현 박사께 감사함을 표한다.

참고 문헌

Adger, D. 2011. Labels and Structures. Retrieved from https://ling.auf.net/lingbuzz/001252.

Abney, S. 1987. *The Noun Phrase in Its Sentential Aspect*. Ph.D. Dissertation. Cambridge, MIT.

Bambini, V., C. Chesi and A. Moro. 2012. A Conversation with Noam Chomsky: New Insights on Old Foundations. Retrieved from http://www.phenomenologyandmind.eu/wp-content/uploads/2012/12/16 Intervista-CHOMSKY.pdf.

Boeckx, C. 2015. *Elementary Syntactic Structures*. Cambridge: CUP.

Bittner, M. and K. Hale. 1996. The Structural Determination of Case and Agreement. *Linguistic Inquiry* 27, 1-68.

Bošković, Ž. 2005. On the loclality of left branch extraction and the structure of NP. *Studia Linguistica* 59, 681-742.

Carlson, G. 1977. A Unified Analysis of the English Bare Plural. *Linguistics and Philosophy* 1, 413-457.

Chierchia, G. 1995. Individual-Level Predicates as Inherent Generics. In Carlson, G, and F. J. Pelletier (eds.), *The Generic Book*. Chicago, London: The University of Chicago Press. 176-223.

Cho, J.-M. 1995. Moods and Complementizers in Korean. In Koshinen, P. ed., *Toronto Working Papers in Linguistics* 14, Toronto: University of Toronto Press. 3-18.

Chomsky, N. 1981. *Lectures on Government and Binding: The Pisa Lectures.* Holland: Foris Publications. Reprint. 7th Edition. Berlin and New York: Mouton de Gruyter, 1993.

Chomsky, N. 1986. *Knowledge of Language: Its Nature, Origin, and*

Use. New York: Praeger.

Chomsky, N. 1995. *The Minimalist Program*. Cambridge, MA.: MIT Press.

Chomsky, N. 2000. Minimalist Inquires: The Framework. In Martin, R, D. Michaels and J. Uriagereka eds., *Step by Step - Essays in Minimalist Syntax in Honor of Howard Lasnik*. Cambridge, MA.: MIT Press. 89-155.

Chomsky, N. 2001. Derivation by Phase. In Kenstowicz, M. ed., *Ken Hale: A Life in Language*. Cambridge, MA.: MIT Press. 1-52.

Chomsky, N. 2004a. Beyond Explanatory Adequacy. In A. Belletti, ed., *Structures and Beyond*, Oxford University Press. Oxford - New York. 104-131.

Chomsky, N. 2004b. Biolinguistics and the Human Capacity. Delivered at MTA, Budapest, May 17, 2004.

Chomsky, N. 2005. On Phases. Ms. MIT.

Chomsky, N. 2007. Approaching UG from below. In Gärtner, H. and U. Sauerland, eds., *Interfaces + Recursion = Language? Chomsky's Minimalism and the View from Syntax-Semantics*. Berlin: Mouton de Gruyter. 1-30.

Chomsky, N. 2013. Problems of Projection. *Lingua* 130. 33-49.

Chomsky, N. 2014. Chomsky at the Academy Colloquium The Biology of Language - 3. Retrieved from https://www.youtube.com/watch?v=6gD-W-X6hdc.

Chomsky, N. 2015a. Problems of Projection: Extensions. Ms.

Chomsky, N. 2015b. *The Minimalist Program (20th anniversary edition)*. Cambridge, MA: MIT Press.

Chomsky, N. 2017. Puzzles about Phases. Ms. MIT.

Chomsky, N. 2019a. MIT Lectures 1 & 2. April 10, 2019. Retrieved f r o m https://www.dropbox.com/s/u3l3atrt89yal2f/2976_Noam_Chomsky_Le

cture_4-10.mp4?dl=0   &
https://www.dropbox.com/s/k1hg1bzpw2uzdoa/2976_Noam_Chomsky
_Lecture_4-12.mp4?dl=0

Chomsky, N. 2019b. Some Puzzling Foundational Issues: The Reading Program. *Catalan Journal of Linguistics Special Issue.* 263-285.

Chomsky, N. 2019c. ULCA Lectures. April 29 - May 2. Retrieved from https://www.youtube.com/watch?v=oHMPI1u9AT4

Chomsky, N., Á. Gallego and D. Ott. 2019. Generative Grammar and the Faculty of Language: Insights, Questions, and Challenges. Retrieved from https://ling.auf.net/lingbuzz/003507.

Citko, B. 2005. On the Nature of Merge: External Merge, Internal Merge, and Parallel Merge. *Linguistic Inquiry* 36(4). 475-496.

Dalrymple, M. and I. Nikolaeva. 2011. *Objects and Information Structure.* Cambridge: Cambridge University Press.

Duranti, A. 1999. Intentionality. *Linguistic Anthropology* 9(1-2), 134-136.

Eldredge, N. and S. J. Gould. 1972. Punctuated Equilibria: An Alternative to Phyletic Gradualism. In T.J.M. Schopf, ed., *Models in Paleobiology.* San Francisco: Freeman Cooper. 82-115.

Epstein, S. H. Kitahara and D. Seely. 2008. Uninterpretable Features: What Are They and What Do They Do? Ms. University of Michigan.

Epstein, S., H. Kitahara and D. Seely. 2014. Agreement is the Shared Prominent Feature Option of POP's Labeling Algorithm. Ms. University of Michigan.

Epstein, S., H. Kitahara and D. Seely. 2016. Phase Cancellation by External Pair-Merge of Heads. *The Linguistic Review* 33(1): 87-102.

Felix, S. W. 2010. Me and Chomsky: Remarks from Someone Who Quit. In Hanneforth, T. and G. Fanselow eds., *Language and*

Logos: Studies in Theoretical and Computational Linguistics, Festschrift for Peter Staudacher on his 70th Birthday. Berlin, Boston: Akademie Verlag. 64-71.

Fodor, J. 1975. *The Language of Thought.* New York: Thomas Y. Crowell.

Fodor, J. 2000. *The Mind doesn't Work That Way: The Scope and Limits of Computational Psychology.* Cambridge, MA: MIT Press.

Fodor, J. and Z. Pylyshyn. 2013. *Minds without Meaning: An Essay on The Content of Concepts.* Book Draft, March 12, 2013.

Frampton, J. and S. Gutmann. 2002. Crash-Proof Syntax. In Epstein, S. and D. Seely, eds., *Explanation and Derivation in the Minimalist Program.* 90-115. Oxford: Blackwell.

Gallego, Á. 2014. Deriving Feature Inheritance from the Copy Theory of Movement. *The Linguistic Review* 31. 41-71.

Goto, N. 2010. Some Consequences of Feature Inheritance. *English Literature, Regional Branches Combined Issue III.* 113-136.

Goto, N. and T. Ishii. 2020. Some Consequences of MERGE and Determinacy. Ms. Retrieved from https://ling.auf.net/lingbuzz/004108.

Groat, E. 2015. Total Transfer, Dynamic Labelling, and Transfer Remnants. In Grewendorf, E. (ed.), *Remnant Movement.* Berlin: Mouton de Gruyter. 257-320.

Grohmann, K. 2003. *Prolific Domains: On the Anti-Locality of Movement Dependencies.* Amsterdam: John Benjamins.

Grohmann. K. 2011. Anti-Locality: Too-Close Relations in Grammar. In Boeckx, C. (ed.), *The Oxford Handbook of Linguistic Minimalism.* Oxford: Oxford University Press. 260-290.

Haegeman, L. and L. Danckaert. 2013. Multiple Subjects in Flemish: the External Possessor. In Rhys, C., Iosad, P. & Henry, Alison eds., *Minority Languages, Microvariation, Minimalism and*

Meaning: Proceedings of the Irish Network in Formal Linguistics. Newcastle-upon-Tyne: Cambridge Scholars Press. 2-23

Jeong, Yongkil. 1999. Comp *-Ko* and Case Markers. *Studies in Generative Grammar* 9, 39-88.

Kratzer, A. 1995. Stage-Level and Individual-Level Predicates. In Carlson, G, and F. J. Pelletier (eds.), *The Generic Book.* Chicago, London: The University of Chicago Press. 125-175.

Lee, C.-H. 2007. Grammatical Features and the Syntagmatic Relations of Korean Josa. *Eomunhak* 96, 111-138.

Lee, J.-S. 2005. Null Comp as Case Drop. *Studies in Generative Grammar* 15(2), 251-264.

Milsark, G. 1974. *Existential Sentences in English.* Ph.D. Dissertation. MIT.

Milway, D. 2020. A Workspace-based Theory of Adjuncts. Ms. Retrieved from https://ling.auf.net/lingbuzz/005281.

Mizuguchi, M. 2014. Consequences of Feature Inheritance for Subject Movement. *Proceedings of the 31st West Coast Conference on Formal Linguistics.* 325-334.

Mizuguchi, M. 2019. Ambiguous Labeling and Full Interpretation. *Studia Linguistica* 73, 563-603.

Murphy, E. and J.-Y. Shim. 2020. Copy Invisibility and (Non-)Categorial Labeling. *Linguistic Research* 37-2, 187-215.

Nakanishi, R. 2015. The Refinement of Syntactic Derivations with the Domain-extended Transfer. *Theoretical Approaches to Natural Languages* 2014, 51-60. Graduate School of Language and Culture, Osaka University.

Neeleman, A., E. Titov and H. van de Koot. 2009. A Syntactic Typology of Topic, Focus and Contrast. In Van Craenenbroeck, J. ed., *Alternatives to Cartography.* Berlin: Mouton de Gruyter. 15-52.

Obata, M. 2010. *Root, Successive-Cyclic and Feature-Splitting Internal Merge: Implications for Feature-Inheritance and Transfer.* Ph.D. Dissertation, University of Michigan, Ann Arbor.

Omune, J. 2018. Reformulating Pair-Merge, Inheritance and Valuation. Ph.D. Dissertation, Kansai Gaidai University.

Ouali, H. 2008. On C-to-T Feature Transfer: The Nature of Agreement and Anti-agreement in Berber. In R. D'Alessandro, G. H. Hrafnbjargarson and S. Fischer, eds., *Agreement Restrictions.* Berlin: Mouton de Gruyter. 159-180.

Pak, M. P. Portner and R. Zanuttini. 2004. Deriving Clause Types: Focusing on Korean. In Proceedings of Linguistic Socieity of Korea 2004. Yonsei Institute of Language and Information Studies. Hanshin Publishing Company. 359-368.

Rizzi, L. The Fine Structue of the Left Periphery. In Haegeman, L. ed., Elements of Grammar. Kluwer: Dordrecht. 281-337.

Richards, M. 2007. On Feature Inheritance: An Argument from the Phase Impenetrability Condition. *Linguistic Inquiry* 38, 563-572.

Shim, J.-Y. 2014. Phase-head Initiated Structure Building: Its Implications for Feature-Inheritance, Transfer and Internal Merge. *Studies in Generative Grammar* 24(2), 455-474.

Shim, J.-Y. 2015. The Contrast-dependent CI-Calculation of Topic and Focus in Korean Transitive Constructions. Ph.D. Dissertation. University of Michigan, Ann Arbor.

Shim, J.-Y. 2018. <φ,φ>-less Labeling. *Language Research* 54-1. 23-39.

Shim, J.-Y. 2019. Merge to MERGE: What We Gain and What We (Seem to) Lose. In *Proceedings of the Fall Conference on English Linguistics and English Education from an Interdisciplinary Perspective.* Jeju University, Jeju, South Korea.

Shim, J.-Y. 2020. MERGE and Head Adjunction. Unpublished manuscript.

Vallduví, E. 1990 *The Information Component*. Ph.D. Dissertation. University of Pennsylvania.

Whitehead, A. 1979. *Process and Reality*. London: The Free Press.

Zhang, N. 2004. Move is Remerge. *Language and Linguistics* 5(1): 189-209.

찾아보기

*한국어로 옮기기 애매한 몇몇 영어 원어들은 해당하는 한국식 발음 목록에 색인한다.

[ㄱ]
갈릴레오, 160
강력최소주의가설(SMT), 9, 22, 48
격(Case), 79, 81, 135-142, 144-145
결정성 (Determinacy), 24, 48-49
계량 언어학, 1, 183
국면(phase), 80-96, 97-100, 123-129
국면 불가침 조건(PIC), 87, 93
국면 핵, 69, 80-82, 83-90, 103-106
급진주의(Saltationalism), 12

[ㄴ]
내부 병합(IM), 34

[ㄷ]
단속 평형주의(Punctuated Equilibrium), 12

대조(Contrast), 143-144, 148
데카르트, 159
돌연변이(주의), 12, 162, 170

[ㅁ]
Mentalese, 178
MoM(Merge over Move), 65-69
목표(Goal), 78-80

[ㅂ]
배번집합(Numeration), 32, 44
범주 결정소(Categorizer), 97-98, 100, 103, 180
변경금지조건(No-Tampering Condition), 11, 105
병합(Merge/MERGE), 26-68, 169-172
보편문법(UG), 159, 161, 170
복사체 비가시성(Copy Invisibility), 113-114, 129-130
분산 형태론 (Distributed Morphology), 97
비교탐색(Comparison Search), 119, 181

[ㅅ]

상대성 이론, 13

생물 언어학(Biolinguistics), 12

생성 문법, 1-8, 19-21, 94-95, 158-160

성분통어(C-command), 78, 84, 115

수화(Sign Language), 178

심리 술어, 142

쌍-병합(Pair-Merge), 56-63

Searle, 160

[ㅇ]

양자 이론/역학, 13, 19

어근(Root), 97-98

언어능력(FL), 6-14

언어능력진화, 11-13

언어 보편소(Linguistic Universal), 161

연산적 효율성, 14-17, 49, 84, 107-108, 119-120

엑스-바(X-bar), 5, 26-27

외부병합(EM), 34, 62-63, 67-68, 83

위계, 147, 165-167

의미역, 24, 163, 168

이동(Move), 27, 33-35, 52-54, 64-68, 129, 149, 172-173

이산성(Discreteness), 162

인지 혁명(Cognitive Revolution), 160

일곱가지조건(Seven Desiderata), 22, 48

일치(AGREE), 73-79, 112-131, 172-173

[ㅈ]

자질 값매김(Valuation), 78, 104

자질 상속(FI), 104-107

자질의 해석성, 69-79, 89-91

자질 종류, 70

작업 공간(Workspace), 31-38, 43-47, 169

작업 공간 원소 제한(Resource Restriction), 24, 47-48

전위(Displacement), 163, 166-168

전이(Transfer), 81-96

점진주의(Gradualism), 12

접합 층위(조건), 9-10, 71-75, 168

정보 구조(Information Structure), 143-144, 149, 167-168

제3의 원리들(Third Factor), 15

주제(Topic), 139-140, 143-149, 168, 171

중의성, 64

지배결속이론(GB), 2-3, 16, 26-27

진화, 12, 162, 184, 191
진화 가능성(Evolvability),
   161-162, 181-182

[ㅊ]
초점(Focus), 139-140,
   143-149, 168, 172
최소주의(MP), 4-8, 13-21, 26,
   59, 83, 147
최소탐색(Minimal Search),
   108-109, 119, 173, 179

[ㅋ]
Cartography, 146-147
Kuratowski, 59-60

[ㅌ]
타도마(Tadoma), 178
탐침(Probe), 78
통사체(Syntactic Object), 27
투사(Projection), 27-30

[ㅍ]
평행 병합(Parallel Merge),
   50-52, 54-55
Fodor, Jerry 178
포함 조건(Inclusiveness

Condition), 11, 13, 135,
   147, 171-172
표준이론, 26
표찰(Label), 27-30, 108-109
표찰 알고리즘(LABEL), 108
Philosophy of Mind, 10, 159

[ㅎ]
확대투사조건(EPP), 114
확장 조건(Extension Condition),
   42
행동주의(Behaviorism), 160